Stefan Brönnle
Geistige Wesen

Stefan Brönnle

# GEISTIGE WESEN

*Engel, Elementale und das Ätherische*

NEUE ERDE

Bücher haben feste Preise.

2. Auflage 2012

Stefan Brönnle
*Geistige Wesen*

© Neue Erde GmbH 2012
Alle Rechte vorbehalten.

Titelseite:
Fotos: shutterstock.com (andreiuc88;
Iurii Davydov; Ali Mazraie Shadi)
Gestaltung: Dragon Design, GB

Satz und Gestaltung:
Dragon Design, GB
Gesetzt aus der Rotis

Gesamtherstellung: Scandinavian Books, Bremen

Printed in Denmark

ISBN 978-3-89060-601-9

Neue Erde GmbH
Cecilienstr. 29 · 66111 Saarbrücken · Deutschland · Planet Erde
www.neue-erde.de

# Inhalt

# Geistige Wesen

Geistwesen, Naturwesen, Elementare, Elementale, Engel, Seelen, Phantome, Geister... Namen und Benennungen gibt es unglaublich viele. Der Raum um uns ist, so scheint es, erfüllt von geistigen Wesenheiten.

Island gar hat Elfenbeauftragte, die sicherstellen sollen, daß das Zusammenleben zwischen Mensch und Geistwesen harmonisch verläuft: 1963 sollte bei Akureyri ein Öltank für eine Fischfabrik gebaut werden. Zu diesem Zweck mußte ein Felsen gesprengt werden. Doch beständige Pannen, Mißgeschicke und Unfälle verhinderten dies. Daraufhin beschloß der Gemeinderat von Akureyri, den Öltank nicht zu bauen.

1953 wurde eine Straße nach Kárstödum gebaut – mit notwendigem Sicherheitsabstand zu einem »Feenhügel«. Die »Huldur« sollen nicht gestört werden.

Ich gestehe, vor 25 Jahren entlockte mir ein Thema wie Elementarwesen nur ein müdes, überhebliches Lächeln. Als meine Schwester mich ein »Geistwesen«, einen »Zwerg« fühlen lassen wollte, konnte ich nur die Augen verdrehen. Innerlich zwar, denn ich wollte sie ja nicht verletzen, aber wirklich ernst konnte ich die Sache nicht nehmen.

Heute, 25 Jahre später, blicke ich auf Erfahrungen zurück, die einem Rationalisten nicht nur die Augen verdrehen würden: Kameras, die nur an bestimmten Orten nicht funktionieren, Knacken und Poltern im Haus, ein Klatschen, das einen aufwachen läßt. Dies sind noch Begebenheiten, die man schnell wegrationalisieren kann. Deutliche Berührungen, das Gefühl etwas auf der Schulter sitzen zu haben und ähnliches – solche Erfahrungen würden wohl als Halluzinationen abgetan. Doch eines meiner tiefgehendsten Erlebnisse war sicherlich die kurzzeitige seelische Verschmelzung mit einem Naturwesen. Diese erlaubte es mir, die Welt in ihrer ätherischen Präsenz sehen zu dürfen, so wie sie normalerweise von Naturgeistern erlebt wird. Ein wahrer Farbenrausch, ein sich beständig veränderndes Gewebe aus Beziehungssträngen, Pulsationen und alles durchdringender Belebtheit. Ein Drogenrausch? Vielleicht könnte es so gedeutet werden, wenn ich jemals LSD genommen hätte. Aber das habe ich nicht.

Vielleicht müssen wir uns damit abfinden, daß solcherlei Erfahrungen ganz normale Prozesse unseres Bewußtseins sind, Fähigkeiten, die unser linkshirnig-dominanter Verstand in unserer materialistischen Kultur nicht zulassen will und darf, die aber seit jeher ganz natürlich waren und es z.T. heute noch in schamanischen Kulturen sind.

Geistige Wesen wahrzunehmen und mit ihnen zu kommunizieren, ist meines Ermessens nichts Übernatürliches. Es ist die gleiche natürliche Fähigkeit, mit der wir spüren, daß wir verliebt sind. Wir wissen es ganz einfach. Ein Naturwissenschaftler würde vielleicht einen veränderten Pulsschlag und Hormonspiegel feststellen, doch dem Wesen des Verliebtseins würde er damit keinen Schritt näher kommen. Die Welt verändert sich durch diesen Zustand. Unser Bewußtsein verändert sich, und manchmal geschehen sogar sehr ungewöhnliche Dinge: Man weiß, wann der Partner anrufen möchte, ob es ihm gut geht oder nicht und manchmal gar träumt man tatsächlich den gleichen Traum. Ist Liebe also etwas Übernatürliches? Ich denke nicht. Nicht alles, was sich in Zahlen ausdrücken läßt, ist natürlich, und nicht alles, was sich so nicht definieren läßt, ist übernatürlich.

Die Arbeit an und mit geistigen Wesen, mit Naturwesen, Elementalen, Engeln und nichtinkarnierten Präsenzen (um den Begriff »Verstorbene« zu meiden), ist ein wesentlicher Bestandteil geomantischer Arbeit. Sehr, sehr häufig haben geistige Wesen einen deutlichen Raumbezug: Orte, an denen wir sie spüren, Wege, die in Sagen und Legenden genannt sind, numinose Stellen in Kirchen, u.a. Deshalb ist der Umgang mit geistigen Wesen ein Werkzeug, das man als Geomant beherrschen sollte. Ein harmonisches Haus kann manchmal nicht allein durch die Einhaltung elektrobiologischer Kriterien, die Berücksichtigung von Wasseradern, die Gestaltung nach Feng Shui-Gesetzen oder anderen Analogiesystemen wie der Standortastrologie geschaffen werden. Manchmal bedarf es der Kommunikation mit nicht sichtbaren »Mitbewohnern«, so wie auch fleischliche Mitbewohner aufeinander eingehen müssen, um harmonisch zusammenleben zu können.

Dieses Buch führt ein in die Welt nicht sichtbarer Bewußtseins-Entitäten, geistiger Wesen. Zunächst möchte ich meine Leser dort abholen, wo ich vor ungefähr 25 Jahren gestanden habe. Um ein solches »Etwas« überhaupt wahrnehmen zu »dürfen«, mußte ich meinen Verstand besänftigen. Ich mußte ihm Futter geben, und so beleuchtete ich das Phänomen »geistige Wesen« von den verschiedensten Seiten. Nur um festzustellen: So absurd ist das gar nicht. Verzichtet man auf Reizwörter wie »Zwerg«, »Elfe« und »Engel«, finden sich viele Beispiele von Be- und Umschreibungen in Religion und Geistes- und Naturwissenschaft, ja sogar in der Physik!

Dann aber möchte ich meine Schubladen öffnen und zeigen, wie ich die verschiedenen Wesen einsortiert habe, worin sie sich ähneln und worin sie sich unterscheiden. Nicht zuletzt hoffe ich mit beschriebenen geistig-körperlichen Übungen ein Tor für Sie aufzustoßen – auch wenn es vielleicht nur ein Spalt weit ist – ein Tor, durch das Sie die Welt der geistigen Wesen betreten oder von dem aus Sie zumindest einen Blick erhaschen können.

# Einführung: Das Wesen des Bewußtseins

Am Beginn der Ausführungen steht eine der schwierigsten Aufgaben: die Erklärung dessen, was »Geist«, was »Seele«, was »Bewußtsein« überhaupt ist. Hunderte gewichtiger Denker und Forscher haben sich darüber den Kopf zerbrochen, ohne letztendlich zu einer Lösung zu kommen. So ist gar nicht zu hoffen, hier in wenigen Zeilen das Thema auch nur ansatzweise klären zu können. Dennoch müssen ein paar Worte verloren werden, denn oftmals nutzen wir diese Begriffe gedanken-los. Jeder glaubt zu wissen, was gemeint ist, wenn ein Reizwort wie »Seele« fällt, und gerade deshalb kann man Stunden aneinander vorbeireden. Also: Den Kloß im Hals heruntergeschluckt, die Ärmel nach oben und los...

## Geist – was ist das?

> Denn das Leben ist die Liebe
> Und des Lebens Leben Geist.
>
> J. W. v. Goethe

Beginnen wir mit einem Wort, das ich gleich wieder beiseitelegen möchte: Seele. Dieser Begriff hat unsere christliche Kultur und Denkweise zutiefst geprägt und ist doch zugleich so verschwommen, daß man ihn erwähnen muß, doch kaum beschreiben kann; außer vielleicht in einem fast sechshundert Seiten starken Buch wie »Die Seele – Ihre Geschichte im Abendland« von Jüttemann, Sonntag und Wulf [24]. Daher ist der Begriff »Seele« aus den Wissenschaften praktisch verschwunden. Selbst die Herkunft des Wortes ist unklar.

Bei Augustinus bezeichnet »Seele« den immateriellen Anteil unseres Wesens: »Leib und Seele«. Hier umfaßt sie also alles in uns, was eben nicht stofflich ist. Dann wieder ist sie nur ein bestimmter Teil des Immateriellen, wenn wir von Körper, *Geist* und Seele sprechen. Aristoteles »zerstückelt« die Seele gar in eine vegetative, animalische und vernünftige Seele. Umgangssprachlich bezeichnet das Seelische im Wesentlichen unsere Emotionen.

Hin- und hergerissen zwischen der christlichen Sicht einer unteilbaren Uridentität und verschiedensten Seelenanteilen (siehe auch das Kapitel »Wieviel Seele hat der Mensch?«) soll der Begriff beiseitegestellt werden, da er mehr verwirrt als erhellt. (Dennoch wird er mir dann und wann herausrutschen...)

Der Begriff »Geist« dagegen ist – ein wenig (!) – deutlicher. Obgleich er bereits mindestens ebenso viele Wurzeln hat wie die Quecke im Garten: *pneuma* (griechisch), *nous* oder *psyche* (griechisch), lateinisch *spiritus*, *mens*, *anmius* u. v. m.

Allgemein umgangssprachlich bezeichnet »Geist« auf jeden Fall etwas Immaterielles. »Geistig« ist das Denken, Erinnern, Vorstellen, Überlegen, Entscheiden usw.

Das deutche Wort »Geist« kommt von der indogermanischen Wurzel »gheis«. Es bedeutet »ergriffen sein, erschaudern« und bezeichnet damit vielmehr eine Wahrnehmung als einen intellektuellen Denkprozeß. Das »übernatürliche« Wesen eines Geistes ist also eine Präsenz, die uns erschaudern läßt, ergreift. Seine lateinische Sinnwurzel ist u. a. »spiritus«. Dieses wiederum ist ein Substantiv zu »spirare«, was »atmen« bedeutet. Der Geist ist also etwas, was uns belebt, lebendig macht, wahrnehmen läßt, erfahren läßt.

Für die antiken Stoiker war es der Begriff des »pneuma«, der dem Sinn von »Geist« am nächsten kommt. Er bezeichnete sowohl die Einzel- als auch die Welten-Seele (sorry!), gleichsam ein sowohl stoffliches als auch immaterielles Prinzip. Im Mittelalter teilt Augustinus dieses ganzheitliche *pneuma* in Geist (*mens*) und Seele (*anima*). Für ihn ist Geist eine an der Vernunft teilhabende Substanz, die zur Leitung des Leibes bestimmt ist.

Für Descartes, den Begründer des Rationalismus, schließlich ist Geist das Gegenstück zur Materie. Seine Schlußfolgerung: Man kann sich klar und deutlich vorstellen, daß Geist ohne Materie existiert. Was man sich klar und deutlich vorstellen kann, ist aber zumindest prinzipiell auch möglich. Somit können Geist und Materie nicht identisch sein.

Ähnlich wird es im Buddhismus gesehen. Geist (*citta*) ist etwas, das zur Körperlichkeit hinzutritt. Geist ist eine Erscheinung der Existenz (*samsara*) und somit in der physischen Existenz gebunden. Andererseits ist er das Instrument, mit Hilfe dessen sich diese Bindung lösen läßt (*nirvana*).

Einfacher ist meines Ermessens der Begriff des »Bewußtseins«. Eine schlichte und doch erhellende Erklärung stammt von Peter Möller:
»Was Bewußtsein ist, kann man sich am besten anhand unangenehmer Situationen klarmachen. Wenn ich Schmerzen habe, dann erlebe ich diese bewußt. Unbewußte Schmerzen gibt es nicht. Es können in einem Körper schädliche, diesen Körper zerstörende oder schädigende physiologische Prozesse ablaufen. Aber das sind keine Schmerzen. Schmerzen bedeutet immer, daß ein Subjekt sie bewußt erlebt, unter ihnen leidet. Ebenso ist es mit positiven Empfindungen. Freude ist immer etwas bewußt Erlebtes. Es gibt keine unbewußte Freude. Bewußtsein ist eine Sammelbezeichnung für unsere Wahrnehmungen, Gefühle, Gedanken, Vorstellungen, Bedürfnisse, Gewolltem usw., soweit sie uns bewußt sind.« [33].

Ein Wesen kann Bewußtsein haben, ohne sich bereits seines Bewußtseins bewußt zu sein! Dies ist gleichsam eine höhere Form, nämlich Selbst-Bewußtsein. Der Begriff stammt aus der neuzeitlichen Philosophie und ist eine Neuübersetzung von Wolf des lateinischen *conscientia*, was ehemals eher »Gewissen« bedeutete.

Der Philosoph Berkeley geht sogar so weit zu behaupten, daß es *nur* Bewußtsein gibt. Materie sei folglich nur eine spezifische Bewußtseinsform; womit die Polarität Geist-Materie im Grunde aufgehoben wäre.

Da Bewußtsein etwas alles Durchdringendes ist, ist es auch nicht auslöschbar. Es existiert jenseits materieller Existenz ebenso weiter wie in ihr. Aus eigenen Erfahrungen, z. B. der Tiefentrance, weiß ich, daß Bewußtsein etwas sehr Flexibles ist. Es ist möglich, an zwei oder mehr Orten gleichzeitig präsent zu sein. Bewußtsein ist also »teilbar«. Ebenso kann es, wie im geschilderten Erlebnis mit dem Naturwesen, mit anderem Bewußtsein verschmelzen. Bewußtsein ist für mich daher nichts Festzementiertes, wie etwa der Gedanke einer alle Inkarnationen durchschreitenden Identität wie der »Seele«. Bewußtsein hat etwas Florales, etwas Pflanzenartiges. Man kann Pflanzen teilen, wenn man eine Weide zerbricht und die Zweige einzeln in den Boden steckt. Auf diese Weise entstehen einzelne Weiden-Individuen. Andererseits kann man Pflanzen auch verschmelzen. Wir nutzen dies, wenn wir Obstbäume »veredeln« und auf die Wurzeln der starken Wildform den Stamm der sensibleren Zuchtform pfropfen. Es entsteht ein Baum-Individuum aus zwei Pflanzen! Ebenso verhält es sich mit Bewußtsein. Bewußtsein kann sich teilen. Sehr schön wird dies im Film »Little Buddha« beschrieben, in dem sich ein tibetischer Lama in drei Körpern neu inkarniert. Die Reinkarnationstherapie kennt viele solcher erlebten Fälle. Bewußtsein kann aber auch in einem größeren Bewußtseinsfeld aufgehen wie ein Wassertropfen im Gewässer. Bewußtsein ist durch und durch lebendig. Wir werden auf diese Eigenschaft noch zurückkommen.

## Das Drei-Welten-Modell

Um für die Ausführungen vor allem im zweiten Teil des Buches gewappnet zu sein, bedarf es noch der Erklärung eines Weltmodells. Es ist die Eigenheit eines Weltmodells, daß es Zusammenhänge gut darstellen kann. Doch da ein Modell niemals die Wirklichkeit selbst ist, wird es ebenso auch immer Details geben, die das Modell nicht erklären kann, ganz gleich, wie komplex es auch sein mag. Ich möchte mich daher gleich auf ein sehr schlichtes Weltmodell beschränken. Treue Leser meiner Bücher mögen es mir verzeihen, denn des Weltmodell habe ich bereits in meinem Buch »Die Kraft des Ortes« erläutert: das Drei-Welten-Modell.

All das, was wir als »Realität« bezeichnen, die Objekte um uns herum, der Tisch vor mir, der Stuhl, auf dem ich sitze, die Wände des Zimmers, ja selbst der Raum dazwischen, ist Bestandteil der ersten »Welt«, der sogenannten Objektwelt. Es ist die Wirklichkeitsebene von Maß, Zahl und Gewicht. Unsere Naturwissenschaft hat es zur Meisterschaft gebracht, diese »Welt« zu ergründen und zu beschreiben. Und so dringt die Wissenschaft immer tiefer ein in das Teilchenhafte, erkennt Moleküle, Atome, Elektronen und Protonen, Strings und Superstrings... Und bleibt dennoch immer an der Oberfläche. Ein Naturwissenschaftler hat daher vollkommen recht, wenn er äußert, Naturwesen und Geister gäbe

# PARADIESWELT

Höhere Wirklichkeit, Subjektive Wirklichkeit,
Ideenwelt

# ÄTHERWELT

Bildekräfte, Traumwelt,
fluktuative Wirklichkeit

# OBJEKTWELT

Objektive Realität

Abb. 1: Das Drei-Welten-Modell als Abbild des Kosmos

es nicht. In der Tat sind diese Wesen auf der Realitätsebene nicht existent. Und so wird die »Schulwissenschaft« das Geistige niemals finden, gleichgültig wie viele Herzen und Hirne sie zerschneidet und danach sucht. Denn Geist und Bewußtsein haben eben kein Gewicht, kein Maß.

Geist und Bewußtsein sind – in diesem Weltmodell – in einer ganz anderen Wirklichkeitsebene präsent: in der Paradieswelt. Dies ist die Wirklichkeitsebene geistiger Archetypen. Es ist jene Welt, die Plato einst als »Ideenwelt« bezeichnete, die Noossphäre. Von jedem Objekt, das es auf der Objektweltebene gibt, existiert hier die Urform. Hier ist die Goethe'sche Urpflanze angesiedelt. Wie eine Plätzchenform ruhen in der Paradieswelt die Urformen aller Tiere, Pflanzen, Objekte, ja selbst seelischer Grundmuster. Wenn C. G. Jung von seelischen Archetypen spricht, dann sind diese hier ebenso präsent (Abbildung 1). Die hier ruhenden archetypischen Grundformen sind u. a. ursächlich daran beteiligt, daß eine australische Beutelmaus z. B. der Haselmaus sehr ähnlich ist (Abbildung 2 a + b), obwohl beide – wenn überhaupt – nur sehr weitläufig verwandt sind. Biologisch ist die Hausmaus mit anderen Säugetieren wie z. B. dem Hund viel näher verwandt als mit einem Beuteltier. Dennoch haben sich in Australien archetypische Grundformen evolutionär gebildet, die Tieren in z. B. Europa sehr ähnlich sind – Beutelmaus, Beutelwolf, Beutelmarder, Gleithörnchenbeutler, u. a. Die Urmatrix, das Urwesen »Wolf«, »Maus«, »Marder« lebt sozusagen als geistiges Prinzip auf der Paradiesweltebene.

Abb. 2: Beutelmaus (links) und Haselmaus (rechts) stellen Koinzidenzen dar. Obgleich praktisch nicht miteinander verwandt, entwickelte die Natur die gleiche Formensprache. Ihr Archetyp ruht auf der »Paradieswelt-Ebene«.

Beide Welten werden getrennt und zugleich verbunden durch die dritte Welt. Obgleich sie formbildend (morphisch) ist, ist hier dennoch keine Form stabil. Vielmehr können sich Formen ineinander wandeln. Die Substanz, die dieser Welt zugrunde liegt, ist der Äther – ein Bindeglied zwischen dem Geistigen und dem Stofflichen.

Auch in der Awesta, der heiligen Schrift des Parsismus, gibt es die Vorstellung eines dreistufigen Weltmodells. Während Ahura Mazda, der Weltenschöpfer, auf der obersten Stufe (der Paradieswelt) ruht und von hier aus seine Schöpfungsimpulse gibt, reifen die Urbilder in der Zwischenwelt quasi heran, nehmen Form an und finden ihren Platz im Weltgefüge, bevor sie auf die unterste Stufe (die Objektwelt) »verpflanzt« werden.

Diese zweite Wirklichkeitsebene ist eben jenes Reich, das in der keltischen Tradition auch »Anderswelt« genannt wird. Hier gibt es Raum und Zeit, doch sind diese viel dehnbarer und flexibler als in der Objektwelt. So kann es vorkommen, daß jemand wenige Augenblicke in der Anderswelt verweilt und bei der Rückkehr hundert Jahre vergangen sind. Raum und Zeit sind, obgleich existent, nicht stabil und festgefügt. Ja, Zeit kann sogar rückläufig sein.

Da die geistige Welt, die Paradieswelt, stets die Anderswelt, die »Wasserwelt«, durchdringt, wenn sie einen Brückenschlag zur objektiven Realität aufbaut, verursacht jeder geistige Impuls Wellenbewegungen im Ätherischen. Jede Fokussierung von Bewußtsein auf ein Objekt der Realität erzeugt eine Veränderung im Ätherfeld.

Diese mittlere Welt ist aber auch zugleich die Welt der inneren Zustände und der Emotionen. Die Chinesen sagen: »Emotionen sind Bewegungen des Qis« ( = des Äthers). Darum ergreifen uns Berührungen geistiger Wesen so sehr (»Geist« von »gheis«, indogermanisch für »ergriffen sein«). Innen und außen sind auf der Ebene der Zwischenwelt praktisch nicht getrennt. Eine äußere Berührung berührt uns auch innerlich, versetzt unsere Emotionen in »Schwingung«, in Erregung, E-motion: Das, was hinausbewegt wird. Gefühle und Emotionen sind Impulse, die von inneren Zuständen ausgehen und den ätherischen Raum um uns wellenartig durchpulsen.

Natürlich sind Paradieswelt, Anderswelt und Objektwelt nicht wirklich getrennt. Schon gar nicht schichten sie sich vertikal übereinander wie in der Abbildung. Sie durchdringen sich und sind »zeitgleich« präsent. Das Drei-Welten-Modell ist und bleibt ein Modell. Aber eines, auf das wir in diesem Buch des öfteren zurückgreifen werden, um Erkenntnisprozesse verstehbarer zu machen, Unterschiede zwischen geistigen Wesen zu veranschaulichen und Wahrnehmungen begreifbar zu machen.

# Teil I: Geistige Wesen: Fassen, was nicht zu fassen ist

Der erste Teil dieses Buches ist der Frage gewidmet, was Geistwesen überhaupt sind. Um sich nicht ganz und gar im Labyrinth der Benennungen und Klassifizierungen zu verfangen, möchte ich den Schwerpunkt auf die Betrachtungen der Natur- und Elementarwesen legen. Während die christliche Kirche heute in Anbiederung an die Naturwissenschaften die Existenz von Naturwesen in der Regel (öffentlich) verneint, war dies ganz und gar nicht immer so. Das Buch Hennoch, eine aus dem 2. Jahrhundert vor Christus stammende Offenbarungsschrift, die dem Alten Testament nahesteht und den Apokryphen zugeordnet ist, beschreibt z. B. die Entstehung bestimmter Geistwesen auf der Erde. Die Giganten, so das Buch Hennnoch, seien Nachkommen gewesen von menschlichen Frauen und Engeln. Die römisch-katholische Kirche hat – wenigstens der Heiligenlegende nach – eines dieser Wesen heiliggesprochen. Der Kanaaniter Reprobus war ein Gigant mit Hundekopf

Abb. 3: Christopherus (Reprobus) mit dem Hundekopf (links) steht in direkter Tradition des schakalköpfigen Anubis. Als Riese gilt Christopherus als Mischwesen, das aus der Verbindung von Menschenfrauen und Engeln hervorgegangen ist. Strenggenommen ist er ein hybrides Elementarwesen.

(Abbildung 3). Besser bekannt ist er den meisten als »Christusträger« Christopherus. Demnach wäre Christopherus ein hybrides Elementarwesen, das aus der Verbindung Mensch und Engel hervorgegangen ist. Die Frauen, die sich mit den Engeln eingelassen hatten, wurden im Übrigen zu Sirenen. Aber auch der Gegner Davids, Goliath, stammte aus dem Geschlecht der Giganten und wurde so in der Bibel verewigt. Einerseits geheiligt, galten Naturwesen in der Kirche andererseits als Verlockungen des Bösen. So wurde Weihwasser mit den Worten geweiht: »Exerciso te, creatura aquael« – »Ich treibe dich aus, Wasserwesen!« Wie kam es zu dieser Ambivalenz? Wagen wir einen Blick in die Geschichte.

## Ein Blick in die Geschichte

Götter waren in früherer Zeit nicht die transzendenten Wesenheiten, als die sie heute erscheinen. Gott war nicht ein kaum greifbares Wesen irgendwo jenseits unserer Existenz. Nein, die Götter hatten oft einen sehr deutlichen Raum und Ortsbezug. Im Alten Testament schlagen einem die Hinweise sehr plakativ entgegen, wonach Gott – Jahwe – mit den Bergen in Verbindung stand: Abraham sollte seinen Sohn auf einem Berge opfern (1. Mose, 22). Er nannte Gott »El Shaddai«, »der Eine vom Berg«. Mose erfährt auf dem Berg Horeb seine Berufung (2. Mose, 3) und auf dem Berg Sinai erhält er die Zehn Gebote (2. Mose, 19). In 1. Könige, 20 wird erzählt, wie die Syrer versuchten, das Heer der Israeliten in die Ebene zu locken, da sie überzeugt waren, daß Israels Gott ein »Gott der Berge« sei und im Tiefland keine Macht habe. Jahwe zeigte also sehr deutliche Verortungen.

Im japanischen Schintoismus gelten bestimmte Naturelemente, ein Berg, ein Baum, ein See, sozusagen als physischer Körper einer Ortsgottheit, des Kami. Einer der bekanntesten Kamis ist sicherlich der Fujiyama. Schon etliche Gläubige habe sich voller Inbrunst in seinen Krater gestürzt.

Aber auch die Götter der Antike hatten oftmals einen sehr deutlichen Ortsbezug. In Dodona weissagte man aus dem Rauschen einer Eiche, in der Zeus wohnte. Eine Inschrift eines Jupiterdenkmals in Nierendorf (Kreis Ahrweiler), dessen Sockel heute als Taufbecken genutzt wird, bezeichnet Jupiter mehrmals als »Schutzgott des Ortes«, als »Genius loci«.

## Wenn Götter zu Geistern werden

Besiegte ein anderes Volk oder eine Volksgruppe seine Feinde, so gingen meist auch die schützenden Götter mit in den »Untergrund«. Sie wandelten sich zu Widersacherkräften. So war der »böse« Bruder von Osiris, Seth, einstmals schützende Gottheit von Oberägypten. Durch den Sieg Unterägyptens mit Verehrung des Osiris verfiel er zur Widersacherkraft des großen Osiris.

Der Naturgott Pan wurde bei der Christianisierung zum formalen Urbild des Teufels: Hörner, Bocksbeine und Schwanz künden noch heute von der Gestalt des alten Naturgottes. Pan wurde verteufelt.

Abb. 4: Der Fraubillen-Stein auf dem Ferschweiler Plateau bei Trier gilt als Sitz einer feenartigen Gestalt. Wer sein Ohr an den Stein hält, kann Frau Bille spinnen hören.

So wie ihm ging es vielen vorchristlichen Göttern: Der keltische Stammesgott Teutates wurde zu einer Gestalt in Mythen und Legenden, einem wilden Mann oder magischen Männlein, das durch die Wälder streift und Naturfrevler bestraft. In der Verballhornung seines alten Namens ist er als »Tattermandl« bekannt.

Die indischen Devas sind ebenfalls Ortsgottheiten gewesen. Der Begriff meint die göttliche Wesenheit einer höheren Dimension und ist vergleichbar mit der christlichen Vorstellung eines Engels. Etymologisch läßt sich das englische »devil« (Teufel) auf die Deva zurückführen, ebenso wie dieses derselben indogermanischen Wortwurzel wie »deus« (Gott) entspringt. Auch der Deva widerfuhr damit wenigstens zum Teil ähnliches wie ihrem griechischen Vetter Pan.

Der Fraubillenstein (Abbildung 4) ist ein dreieinhalb Meter hoher Menhir. Er steht auf dem Ferschweiler Plateau in der Nähe von Trier. Er soll der Legende nach vom Heiligen Willibrord in ein Kreuz umgehauen worden sein. Bis heute jedoch gilt er als Sitz der Fraubille, einer feenartigen Gestalt. Wer sein Ohr an den Stein legt, kann sie hören, wie sie im Stein sitzt und am Spinnrad arbeitet. Mit dem Attribut des Spinnrades erkennen wir in Fraubille eine ehemalige Schicksalsweberin wieder, deren zentraler Fokus wohl einst der Menhir war.

Viele Natur- und Elementarwesen – Wassermänner, Nixen wie die Loreley, Berggeister wie Rübezahl, u. v. a. – sind die Schutz- und Ortsgottheiten vergangener Kulturen. Mit der alten Kultur gerieten auch sie in Vergessenheit. Jedenfalls fast, denn in Sagen und Legenden überlebten sie und gaben den Menschen ein Bild für ihre Ortserfahrung.

## Der Mythos vom Fall der Engel

Im Mythos von den Giganten als Wesen, die aus der Verbindung von Mensch und Engel hervorgegangen sind, war er bereits angeklungen: der mythische »Fall der Engel«. Der Mythos besagt, die Engel hätten sich dereinst unter der Führung eines Erzengels – Luzifer – gegen Gott aufgelehnt, seien in einer epischen Schlacht besiegt und von den Mächten des Lichtes in die Hölle hinabgestoßen worden. Bei diesem Fall der Engel hätten sie auch die Erde – die Objektwelt – durchquert. Dabei sei der zentrale Stein aus der Krone Luzifers herausgefallen. Dieser Stein sei das Grundmaterial gewesen, aus dem der Heilige Gral gemacht wurde.

Die mit Luzifer gefallenen Engel aber seien nicht alle bis in die Hölle gelangt. Einige, so berichtet das »Handwörterbuch des deutschen Aberglaubens« [3], ein viele tausend Seiten und neun Bände umfassendes Werk, seien dem Volksglauben nach an Bäumen und Felsen hängengeblieben. Diese an den Naturelementen »hängengebliebenen« gefallenen Engel seien die Natur- und Elementarwesen. (Abbildung 5)

Abb. 5: »Der Fall der Engel«. Pieter Bruegel, 1562

Wir erkennen im Sturz der Engel einen Impuls wieder, der sich aus der Paradieswelt löst und mit der Objektwelt interagiert. Die Wesen »hängen« an Naturobjekten wie Felsen und sind damit relativ ortsgebunden. Wir werden auf diesen Aspekt der Naturgeister noch einmal zurückkommen.

## Der Genius loci

Aus der römischen Mythologie stammt die Vorstellung des Genius loci, des Geistes (*Genius*) eines Ortes (*loci*). Der Genius, der klassischerweise in der Antike oft als Schlange dargestellt wurde (Abbildung 6), verkörpert dabei eine zunächst überindividuelle Entität, eine Wesenheit, die mit der Sippe als ganzes (lateinisch *gens*) verbunden ist und diese von einer Generation zur nächsten begleitet. Der Ort, an dem eine Sippe ihren Ausgang nahm und mit dieser dadurch in starker Verbindung steht, wurde vom Genius loci bewacht und beschützt. In römischen Häusern war es so auch Sitte, Schlangen zu halten, die als Verkörperung der Ortsgenien galten. Der Tod einer Schlange galt als äußerst schlechtes Omen.

Abb. 6: Der römische Genius Loci wird als Schlange abgebildet. Römischer Hausschrein

Schließlich siegte das Christentum über heidnische Kulte. Die alten Verkultungen waren nicht mehr gerne gesehen, unterhöhlten sie doch den Glauben an den *einen* Gott. Daher wurden die Ortsgottheiten verteufelt und mit ihnen die Schlange. Karl der Große erließ ein Gesetz, wonach alle Schlangen am und im Hause zu töten seien, was eine furchtbare Mäuse- und Rattenplage zur Folge hatte...

Der Genius trägt also gleichsam die zeugende, schöpferische Kraft (*gens* = Geschlecht) in seinem Namen. Er ist eine Entität, die sich in eine geistige Fokussierung am Ort – aus der Paradieswelt kommend – hineingebiert. Aus einer solchen innigen Verbindung einer Sippe oder gar eines Volkes mit dem Genius eines Ortes wurden, gleichsam den umgekehrten Weg nehmend, Ortsgenien zu übergeordneten Göttern

erhoben, die ganze Landstriche, ja letztlich Erdteile, in ihr Machtre-
fugium wandelten. Die griechische Muttergöttin Hera hatte ihren Ur-
kultort auf Samos. Hier, in einem heiligen Baum mit einem an ihm
gebundenen »Daimon«, einer Baumnymphe, lag das vermutlich erste
Hera-Heiligtum. Der Kult weitete sich aus, und so wurde die Baumnymphe zu einer landschaftlich übergreifenden Göttin.

In der Geschichte kennen wir so beide Wege: Die Entwicklung von
der Ortsgottheit – Genius loci – zur übergeordneten Gottheit und –
nach dem Sturz einer Kultur – wieder zurück zu einer ortsgebundenen
Wesenheit, einem Naturgeist.

Der Ort bleibt aber Dreh- und Angelpunkt der Fixierung geistiger
Kräfte. Historisch wurden Naturgeister immer als mehr oder minder
individuelle Wesen betrachtet, die ihre »Wohnung« an bestimmten
Orten haben und sich oft über einen auffällig großen Baum, einem
besonders geformten Felsen oder einer besonderen Quelle sozusagen
konzentriert zeigen.

## Was Denker über Geister dachten

Wir haben die geistigen Wesen in der Natur nun in ihrer mythologi-
schen Betrachtung als zunächst eigenständige, individuelle Wesenheiten kennengelernt, die einen deutlichen Ortsbezug aufweisen. Im Mythos
vom Fall der Engel zeigen sich diese Wesen als aus dem geistigen
Raume, der Paradieswelt, kommend und an Landschaftselementen ver-
ortend, sich »festhaltend«. Schauen wir uns nun an, was Philosophen,
Mystiker und Denker zu Naturwesen zu sagen haben.

Der Philosoph Proklus von Athen (410 - 485 n. Chr.) hatte seine geistigen Wurzeln bei Plutarch und Platon. Proklus war ein sogenannter
»Neuplatoniker«. Schon Proklus benutzt die vier Elemente Erde, Wasser,
Luft und Feuer, um die Wesen der Natur zu klassifizieren. Für ihn besitzen diese Wesen lediglich eine halbkörperliche, man könnte sagen »ätherische«, Struktur. Proklus sieht in diesen geistigen Wesen »zwischen

Göttern und Menschen wirkende und vermittelnde Kräfte«, die in gewisser Weise die »Seelen«, die geistige Belebtheit, der Elemente, der Mineralien und Pflanzen darstellen.

Die Ansicht, daß Naturwesen »zwischen Göttern und Menschen wirkende und vermittelnde Kräfte« sind, ist nur eine andere Umschreibung für ihr Wirken zwischen der Paradies- und der Objektweltebene. Proklus schreibt ihr Wirken und Wesen also ganz dem Ätherischen, der Anders- oder »Wasserwelt« zu.

Auch Agrippa von Nettesheim (1486 - 1535) äußert sich ausgiebig zu den Wesen der Zwischenwelt. In seinem Werk »Geheime Philosophie« [37] beruft er sich auf Origines (185 - 254 n. Chr.), wenn er die Wirkweise der Elementarwesen beschreibt. Auch Agrippa ordnet die Wesen den vier Elementen zu. Sie stimmen für ihn mit der »himmlischen Seele« überein und haben ihre Funktion in dieser Weltenseele. Die Luftwesen folgen »der Vernunft und begünstigen diese Seelenkraft«, »die Wassergeister folgen der Einbildungskraft und dem Gefühl«, »die Erdgeister endlich folgen der Natur und begünstigen die vegetative Natur«. Die Feuergeister aber wirken »zur Betrachtung des Höheren mit«. Laut Agrippa von Nettesheim sind Elementarwesen daher Bestandteile einer Überseele, der »himmlischen Seele«, wie er sie nennt. Sie wirken an der geistigen Evolution und den Erkenntnisprozessen des Menschen und der Welt mit.


## Paracelsus – Das Wirken in den Elementen

Kaum einer hat sich wohl ausführlicher über die Geister der Natur und Elemente geäußert als der Naturphilosoph und Magier Philippus Theophrastus Aureolus Bombast von Hohenheim (1493 - 1541), genannt Paracelsus (Abbildung 7). Nach Paracelsus schuf Gott aus dem Nichts die Urmaterie. Diese teilte sich in der ersten Seperatio in die vier Elemente. In der zweiten Seperatio entstehen aus den Elementen die »Procreationes«: aus dem Element Erde die Bäume, Erze, Tiere, aber auch die Zwerge, Gnome und Riesen; aus dem Wasser die Nixen und Najaden, aus der Luft die Sylphen und Lemuren und aus dem Feuer die Salamander.

Abb. 7: Philippus Theophrastus Aureolus
Bombast von Hohenheim (1493-1541)

In der dritten Seperatio entstehen aus den Procreationes Urgewalten wie z. B. aus der Luft der Donner. Die vierte Seperatio führt zurück in den Anfang.

Elementarwesen besitzen für Paracelsus keine (eigenständige) Seele. »Am Ende der Dinge« vergehen sie wieder, wie er sich ausdrückt. Interpretierend könnte man auch sagen, sie gehen in der Weltenseele auf.

Paracelsus definierte zwei Seinsebenen, die »opake«, lichtundurchlässige Ebene und die »diaphane«, die durchscheinende Ebene. Diese kann jedoch der Mensch im normalen Bewußtseinszustand nicht wahrnehmen. Er beschreibt damit eine Wirkebene der Elemente, die von der Objektwelt (opak) getrennt ist, die Zwischenwelt des Ätherischen. Paracelsus beschreibt die Naturgeister sehr anthropomorph. Sie haben Behausungen, essen, trinken, vermehren sich. Jedoch können sie ihre körperliche Struktur verändern und durch Wände gehen. Ihr Körper ist flexibel und veränderbar – eben ätherisch.

Wesentlich unterscheidet Paracelsus zwischen Elementaren, also »natürlichen Elementarwesen« und »Elementalen«, die durch menschlichen Willen und Gedanken erzeugt werden. Die Elementarwesen (Elementare) haben für Paracelsus nur eine »Scheinindividualität«. Sie besitzen keine individuelle Seele, können eine solche aber über den Kontakt zum Menschen erhalten und dadurch unsterblich werden.


## Rudolf Steiner – Die Evolution des Geistigen

Rudolf Steiner (1861 - 1925), der Begründer und anfängliche Leiter der anthroposophischen Bewegung, ist, so merkt man, in seiner Perspektive der Elementarwesen zutiefst christlich geprägt. Wie Agrippa von Nettesheim gesteht er den Wesen kein Ich, keine Individualität zu, obgleich die Naturwesen, die auch Steiner den vier Elementen zuordnet und als Salamander (Feuer), Sylphen (Luft), Undinen (Wasser) und Gnome (Erde) beschreibt, einer eigenständigen geistigen Evolutionsschiene entspringen. So wie der Mensch eine eigene geistige Evolutionsschiene oder Inkarnationslinie bildet, so auch das geistige Reich der Engel und die Natur über die Elementarwesen. (Abb. 8) Dennoch sind die Elementarwesen für Rudolf Steiner in ihrer Entwicklung stark an die des Menschen gebunden. Erst durch ein bewußtes Erleben des Menschen können sie »erlöst« werden:

Abb. 8: Der »Menschheitsrepräsentant« von Rudolf Steiner zeigt den Menschen zwischen den luziferischen und den ahrimanischen Geistwesen. Goetheanum, Dornach

»So können wir durch unsere eigene Geistigkeit diejenigen Wesenheiten, die in Luft, Wasser und Erde verzaubert sind [dem Feuer weist Steiner einen eigenen, höheren Stellenwert zu. Anmerkung des Autors], wir können sie entweder in unser Inneres einsperren, ohne sie zu verändern, oder aber wir können dadurch, daß wir uns selbst immer mehr und mehr vergeistigen, sie befreien, erlösen, sie wiederum zu ihrem Element zurückführen.« [44, S.23]. Es klingt in diesen Worten ein wenig von der bereits erwähnten Vorstellung an, Elementarwesen seien »gefallene Engel«. Noch deutlicher wird dies in ihrer Entstehung: Elementarwesen entstehen für Steiner als Abschnürungen höherer geistiger Wesenheiten wie Archai, Archangeloi oder Angeloi, also der Engel und Erzengel.

Wesentliche Aufgabe der Naturwesen ist es, die kosmisch-ätherischen Kräfte den Naturerscheinungen und Pflanzen einzuverleiben. Sie tragen z. B. »das in den feineren kosmischen Ätherkräften webende lebendige ätherische Urbild der Pflanze« – vergleiche die goethesche Urpflanze auf der Paradiesweltebene – »in den Bereich der irdischen Elemente hinein«. [1] Damit schreibt auch Steiner das Wirken der Wesen der zweiten Ebene, der Ätherebene zu. In seiner Beschreibung, wie Elementarwesen vom Menschen erlebt werden können, kann man beinahe Anklänge davon erkennen, wie dies auch in der Psychologie gesehen wird:

»Diejenigen, welche geistiges Anschauungsvermögen haben, nehmen aber solche Wesen wahr und können sie beschreiben. Zu den niederen Arten solcher Wesen gehört alles, was die Wahrnehmer der geistigen Welt als Salamander, Sylphen, Undinen, Gnomen beschreiben. Es sollte nicht gesagt zu werden brauchen, daß solche Beschreibungen nicht als Abbilder der ihnen zugrunde liegenden Wirklichkeit gelten können. Wären sie dieses, so wäre die durch sie gemeinte Welt keine geistige, sondern eine grob-sinnliche. Sie sind Veranschaulichungen einer geistigen Wirklichkeit, die sich eben nur auf diese Art, durch Gleichnisse, darstellen läßt. Wenn derjenige, der nur das sinnliche Anschauen gelten lassen will, solche Wesenheiten als Ausgeburten einer wüsten Phantasie und des Aberglaubens ansieht, so ist das durchaus begreiflich. Für sinnliche Augen können sie natürlich nie sichtbar werden, weil sie keinen sinnlichen Leib haben. Der Aberglaube liegt nicht darin, daß man solche Wesen als wirklich ansieht, sondern daß man glaubt, sie erscheinen auf sinnliche Art.« [45, S. 156].

## Marko Pogačnik – Von der emotionalen Intelligenz in der Natur

Der slowenische Bildhauer und Erdheilungskünstler Marko Pogačnik hat mit seiner Arbeit wohl den bedeutendsten Beitrag zur modernen praktischen Geomantie geleistet. Anders als Steiner oder Agrippa von Nettesheim sind für Pogačnik Elementarwesen alles andere als unpersönlich: »Bewegen wir uns nun in den Bereich der Wirklichkeit, in dem die Elementarwesen zu spüren sind, so überschreiten wir eine Schwelle, jenseits derer es so etwas wie unpersönliche Kräfte überhaupt nicht mehr gibt. Jenseits dieser Schwelle wird jede Kraft, ihrer Rolle in der Ganzheit angemessen, durch ein Bewußtsein beseelt oder besser gesagt: Sie wird zum Bewußtsein.« [39, S. 130].

Auch Pogačnik weist den Elementarwesen eine eigenständige Evolution zu. So durchläuft ein Elementarwesen eine geistige Evolution durch drei Entfaltungsebenen und entwickelt sich zu einem engelähnlichen Wesen, das jedoch, anders als bei Steiner, immer der Urbildlichen Dimension der Erde zugerechnet wird.

**Die Ordnung der Elementarwesen nach Marko Pogačnik**

| Element | Vorstufe | Erste Entfaltungsebene | Zweite Entfaltungsebene | Dritte Entfaltungsebene |
|---------|----------|------------------------|-------------------------|-------------------------|
| Feuer | Geister der Erdmitte | Geister der Reifung und Wandlung | Lichtgeister | Musen |
| Luft | | Sylphen; Feen | Raumfeen; Pflanzendeva; Waldfee | Deva-Meisterin; Deva des Ortes Ritualdeva |
| Wasser | | Nixen; Undinen; Wassermänner; Geister des Gleichgewichts | Nymphen: Quellnymphe, Auennymphe usw. | Landschaftsnymphe; Nymphenkönigin |
| Erde | | Faune; Elementarwesen bei Tier und Mensch; Heinzelmännchen; Kobolde; Elfen; Zwerge; Gnome | Die Liebende Alte; Der Alte Weise | Pan |

Quelle: [39]

31

Auch bedarf das Elementarwesen für diesen Prozeß nicht zwingend der Erlösung durch den Menschen. Im Gegenteil, es unterstützt umgekehrt den Menschen in seinem Erkenntnis- und geistigen Evolutionsprozeß. Pogačnik ist der Ansicht, »daß die Welt der Elementarwesen der Seele eines Menschen nicht nur den mehrdimensionalen Körper anbietet, durch den diese die Wirklichkeit und die Schönheit des Lebens erfahren darf, mehr noch: Jeder Mensch wird mit einem persönlichen Elementarwesen beschenkt, das bereits für den Prozeß der Zeugung des Menschenkeimes sorgt, dann für den Aufbau des Embryos Sorge trägt und schließlich das harmonische Zusammenspiel all der unzähligen Körperfunktionen lenkt, ebenso wie die Verwesungsprozesse nach dem Tode.« [39, S. 362]

Elementarwesen sind für Pogačnik die »Gefühlsebene der Erde« bzw. »die emotionale Intelligenz der Natur«. Sie entstammen also ganz dem Erdenkosmos. Sie besitzen einen vitalenergetischen (ätherischen) Kraftkörper, der in die Sphäre eines der vier Elemente gehört und mit dem sie sich über einen Fokus am Ort binden.

Elementarwesen sind »Steuerungszentren im Raum« oder auch »lebendige Kosmogramme«. In Form von sich ständig wiederholenden Kraftbewegungen, ätherischen Spiralen und Wirbeln, die von astralem Bewußtsein durchdrungen sind, geben sie bestimmte Informationen in den Raum (deshalb »lebendige Kosmogramme«) und beleben und durchgeistigen dadurch das Gefühlsgewebe der Erde.

Auch Marko Pogačnik erkennt in der menschlichen Wahrnehmung einen durchaus psychologischen Prozeß: Die Bilder, die das Bewußtsein des Menschen kreiert, sind symbolischer Natur. Steiner sagte: »Es sollte nicht gesagt zu werden brauchen, das solche Beschreibungen nicht als Abbilder der ihnen zugrundeliegenden Wirklichkeit gelten können.« Die Flügel einer Elfe etwa sind symbolischer Ausdruck des Luftelementes. Sie ist ein von Bewußtsein durchdrungenes Wesen, daher erhält sie menschliche Gestalt. Sie interagiert mit dem sie umgebenden Kraftgewebe und informiert es auf der Gefühlsebene, darum »tanzt« sie. »Deswegen geschieht es auch heute noch, daß, wann immer ein Elementarwesen von einer hellsichtigen Person wahrgenommen wird, im Gehirn der Wahrnehmenden ein Indentifizierungsprozeß in Gang gesetzt wird, der die Wahrnehmung entsprechend den Regeln der Märchensprache in ganz bestimmte Formen kleidet« [39, S. 366]. Wir werden diesen Wahrnehmungs- und Erkenntnisprozeß später noch etwas näher beleuchten.

# Naturwesen in der psychologischen Betrachtung

### Willi Hellpach – Anthropomorphismus und Geopsyche

Der Professor für Psychologie an den Universitäten Heidelberg und Karlsruhe, Mediziner und Politiker (u. a. Badischer Staatspräsident) Willi Hellpach (1877 - 1955) war ein Schüler Wilhelm Wundts und kann geradezu als Antipode zu seinem Zeitgenossen Sigmund Freud gelten. Hellpach beschäftigte sich intensiv mit philosophischen Fragen der Psychologie. In seinem Werk »Geopsyche« [20] beschäftigt er sich mit der Wirkung der Landschaft und des Ortes auf die menschliche Seele. Nach Willi Hellpach ist der Mensch stets darum bemüht, in Formen Dinge und Gestalten zu erkennen, die ihm bekannt sind:

Abb. 9: Der »Riesenfelsen« ist ein Wächterwesen in Form eines zyklopischen Gesichts auf dem Mont Sainte Odile an der Schwelle zum Feenplateau.

»An dieser Stelle mischt sich nun freilich gern eine ganz andere Art des Naturerlebnisses ein, die weitab von der elementaren seelischen Wirkung des formal Einfachen oder Verwickelten liegt: die analogische (richtiger: »homöotrope«) oder ähnlichkeitssuchende. [...] Bunte Formenfülle aber weist immer eine Zahl von Einzelgebilden auf, die an tierische, menschliche, pflanzliche Wesen [...]»erinnern«. [...] Die Volksseele bleibt in diesen Dingen, wenn auch auf bescheidene Weise, mythisch gerichtet, solche Gebilde erzählen ihr Geschichten, in denen die unausrottbar geglaubten Träger geheimer und zauberkundiger Mächte aufleben.« [20, S. 176 f] (Abbildung 9)

Für Hellpach ist das »Erkennen« von Wesenhaftem in bizarren Felsformen und alten Bäumen nichts weiter als das, was sein Antipode Sigmund Freud »freie Assoziation« nennt. Für ihn erfüllen Naturgebilde die Funktion einer Art seelischer Resonanz, einen »Widerhall«, wie er sich ausdrückt.

»Die schlichte Vergeistigung der Natur ist also nicht auf so philosophische Folgerungen ausgerichtet wie die, daß etwa die Erde oder ein Stern ›denke‹ oder daß ein Strauch ein überlegenes Wesen sei. Derlei käme dem gemeinen Manne höchst ungereimt vor. Wohl aber legt er den Naturwesen und den sie bergenden oder beherbergenden Gebilden die Absichten von gut und böse unter. Sie kommen ihm drohend oder lockend, gefährlich oder hilfreich vor. Auch wo der mythisch leibhaftige Glaube, daß sie es seien, geschwunden ist, erregen gewisse Szenarien in unserem Gemüt einen Widerhall, der sie uns als ›starrend‹, ›grausig‹, ›höllisch‹ [...], ›erhaben‹, ›überwältigend‹, [...] erleben läßt.« [20, S. 188].

Die Frage freilich, *was* in uns mit den Naturgebilden in Resonanz geht, läßt Hellpach unbeantwortet. Er begnügt sich in der Beschreibung von Sachverhalten. Doch schon aus diesen wagt er zu postulieren:

»Neben dem schlicht Wohlgefälligen ist diese Ausstattung der Landschaft mit ethischen Zügen oder noch allgemeiner mit Gesinnungs- und Haltungswesenszügen, ihre Vermenschlichung, die wichtigste Art des Verhältnisses zur Landschaft, die wir kennen.« [20, S. 189].

Naturwesen sind in dieser Schau eben *keine* eigenständigen Wesenheiten. Sie sind lediglich ein »Widerhall«, eine Resonanz in unserer eigenen Seele. Wenngleich Hellpach eben gerade diese Resonanz zum wichtigsten Faktor unserer Seelenbeziehung zur Natur erhebt.


## C. G. Jung und Aniela Jaffé – Archetypen seelischer Zustände

Aniela Jaffé (1903 - 1991) war eine langjährige Mitarbeiterin des Tiefenpsychologen Carl Gustav Jung. Jung beschrieb in »Seele und Erde« die menschliche Seele als ein »aus den irdischen Umweltbedingungen hervorgegangenes Anpassungssystem«. Aniela Jaffé bleibt ganz in den von Jung vorgegebenen Fußstapfen. Gegenüber Willi Hellpach geht sie jedoch einen entscheidenden Schritt weiter, wenn auch für sie wahrgenommene geistige Wesen in erster Linie Projektionen unserer seelischen Zustände bleiben, so fragt sie doch danach, was sie uns sagen wollen.

Abb. 10: Der Schrein eines »Kamis« einer »Ortsgottheit des Sees« in Japan. Der See gilt als der physische Körper des Kamis.

Mit ihrem Werk »Geistererscheinungen und Vorzeichen« ist ihr ein geradezu bahnbrechender Beitrag zum Verständnis geistiger Wesen gelungen. Aus den Hunderten von Schilderungen des Kontaktes und der Kommunikation mit geistigen Wesen beschreibt sie den archetypischen Charakter der Phänomene und damit ihre Verbindung zu unserem kollektiven Unbewußten. Eng verbunden mit dem psychischen Hintergrund ist dabei stets die Frage nach dem Sinn der Erscheinung und der Bedeutung für den Menschen. Ein Naturwesen als Genius eines Ortes wäre dementsprechend ein mit dem schöpferischen Unbewußten eng verbundener seelischer Zustand. Naturwesen manifestieren sich für den Menschen über Pflanzen und Steine, indem er sinngeladene Archetypen nach außen projiziert. Interessanterweise ähneln sich die Vorstellungen von Naturwesen bei Völkern in geographisch weit entfernten Gebieten, was die Theorie des Archetyps aus dem kollektiven Unbewußten bekräftigt. (Abbildung 10)

Hier sind das Bewußtsein der Natur und das Bewußtsein des Menschen nicht getrennt, sondern bilden eine Einheit. Jung nannte dies das *unus mundus*, die ungetrennte Welt unseres Bewußtseins. Die Kommunikation mit dem Naturgeist ähnelt daher für einen Wissenschaftler, der sein Weltbild auf die objektive Realität begründet, einem Selbstgespräch. In *Wirklichkeit* jedoch erfolgt eine symbolische Zwiesprache, die auf Gefühlen beruht, zwischen dem Naturgeist als Archetyp meines Unbewußten mit einem Seelenanteil der Weltenseele. Noch einmal: Das Wort »Genius« beinhaltet die Sippschaft, sozusagen das Kollektive dieser Bewußtseinsform. Die Tatsache, daß ein solches Wesen in einer objektiven – d. h. trennenden – Weltsicht nicht faßbar da ist und die Kommunikation somit innerseelisch verläuft, ist nur die eine Seite der Medaille. Auf der Ebene der *Wirk*lichkeit, also des schöpferischen Prozesses einer sich immerwährend gebärenden seelischen Wirklichkeit, erfolgt ein inniger Austausch zwischen einem (scheinbaren) Individualbewußtsein und einem umfassenderen kollektiven Weltbewußtsein. Dieser Kommunikationsprozeß ist auch als »unio mystica« bekannt.

In seinem Buch »Der Mensch und seine Symbole« bekräftigt C. G. Jung diese Grenzenlosigkeit der menschlichen Seele: »Unsere Psyche ist ein Teil der Natur und ebenso unbegrenzt wie diese. Wir können also weder die Psyche noch die Natur definieren, sondern nur so gut es geht beschreiben, auf welche Weise wir sie erleben.« [23, S. 23].

Im Jung'schen Sinn ist eine »Kommunikation« mit einem im außen gedachten geistigen Wesen untrennbar mit dem inneren seelischen Erleben verbunden. Obgleich ein Naturwesen demnach keine Eigenständigkeit besitzt, ist es doch durch und durch Bewußtsein!


# Exkurs: Die Welt des Ätherischen

### Prana, Qi und Lebenskraft

Bevor wir weiterschreiten und die Naturwissenschaft zu Wort kommen lassen, möchte ich mich noch einmal der Begrifflichkeit des Ätherischen zuwenden. Synonyme Begriffe gibt es aus dem Umfeld von Religion und Philosophie zuhauf: Da wäre das »Qi« (oder »Chi«) der Chinesen, eines der wichtigsten Konzepte fernöstlicher Philosophie. Nur mit Hilfe des Qi lassen sich medizinische Konzepte wie die Akupunktur erklären, aber auch körperenergetische Übungssysteme wie das Taijiquan oder

Abb. 11: Begriffswolke zum Thema des Ätherischen

Philosophie und Religion

Äther  Qi  Prana
Korunba  Orgon  Od
Miasmus  Guruwari  Pneuma
Numen  Lebenskraft  Kachina
Vitalenergie  Segen
Bildekraft

Quantenschaum
Implizite Ordnung  Skalarwelle
Äther  Vakuumenergie  Orgon
Longitudinalwelle  Gravitationswelle
Morphisches Feld

Naturwissenschaft

das Qi Gong sind ohne den philosophischen Kontext des Qi nur bloße gymnastische Übungen. Das Schriftzeichen (Abbildung 12) meint »Dunst über Reisfeldern« und beschreibt damit gleichsam eine atmosphärische Naturerscheinung wie auch bereits den nährenden Aspekt jenes Wortes, das letztendlich auch für den Proviant von Soldaten genutzt wurde. Qi heißt streng genommen so viel wie »Luft« oder »Atem«.

Ganz ähnlich sieht es mit dem indischen Begriff des »Prana« aus. »Pranayamas« sind im indischen Yoga-Atemübungen. Doch auch hier meint Prana sehr viel mehr. Es umschreibt eine alles durchdringende Lebenskraft, die durch körperenergetische Übungen im Körper angereichert werden kann.

Verwandtschaften in Europa gibt es viele. Zum Beispiel das »Orgon« des Wilhelm Reich, einen Kunstbegriff, der sich aus Wörtern wie »Organ«, aber auch »Orgasmus« ableitet. Für Reich ist Orgon das naturwissenschaftliche Pendant zum Freud'schen Konzept der Libido, also eine den Körper durchpulsende Kraft, die sowohl Lebenskraft als auch Sexualenergie meint.

Abb. 12: Das chinesische Schriftzeichen »Qi« (sprich »Tschi«) zeigt »Dunst über Reisfeldern«.

Ähnlichkeiten finden wir auch im Begriff des »Od« des Freiherrn von Reichenbach. Die Konnotation zum Odem Gottes ist mehr als zufällig. Denn auch im Schöpfungsprozeß ging es um mehr als nur das »Anblasen« Adams durch den Schöpfergott. Vielmehr wurde durch den göttlichen Hauch »Lebensfähigkeit« übertragen.

Dieses göttliche »Fluidum« (ein Begriff Mesmers) haftet auch Reliquien an. Es ist das griechische »Pneuma«, der »aus Feuer und Luft gewordene Hauch« bzw. das »Numen«, das als »Numen reliquiarum« auch den Knochen verstorbener Heiliger weiterhin anhaftet.

Fährt man weiter fort, erkennt man ähnliche Begriffsinhalte im »Korunba« australischer Ureinwohner, im »Orenda« der Irokesen, im »Mana« der Polynesier, in den »Miasmen« europäischer Medizin des ausklingenden Mittelalters bis hin ins 19. Jahrhundert usw. Auch die »Bildekräfte« des Rudolf Steiners gehören mit in diese »Begriffswolke«.

All diese Begriffe be- und umschreiben feinstoffliche Kräfte, die sich einerseits auf das Körperliche beziehen und hier so viel wie »Vitalenergie« oder »Lebenskraft« meinen, andererseits aber auch auf das Geistige. Hier vermitteln sie göttlich-geistige Kräfte und wirken als Trägermedium z. B. in Form von Segenskräften oder auch numinosen Kräften des Heiligen.

Wer nun aber denkt, dieses Ätherische wäre ein rein religiös-philosophisches Konzept, der irrt gewaltig. Der Äther war das Erklärungsmodell bis ins frühe 20. Jahrhundert hinein, das herangezogen wurde, um zu begründen, wie z. B. Licht (als Welle) durch das Vakuum des Weltraums von einem Stern zu uns gelangen konnte. Auch für elektromagnetische Wellen galt der Äther als das Trägermedium.

1889 schrieb Heinrich Hertz: »Nehmt aus der Welt die Elektrizität, und das Licht verschwindet; nehmt aus der Welt den lichttragenden Äther, und die elektrischen und magnetischen Kräfte können nicht mehr den Raum überschreiten.« Und noch 1920 beendete Albert Einstein seinen Vortrag »Relativitätstheorie und Äther« mit dem Satz: »Gemäß der allgemeinen Relativitätstheorie ist Raum ohne Äther undenkbar.«

Einen der Wendepunkte im physikalischen Erklärungsmodell des Äthers stellte das Ätherexperiment von Albert Michelson und Edward Morley 1887 dar. Wenn es einen Äther gab, so die Grundhypothese des

Experiments, so müßte er überall gleichermaßen vorhanden sein. Die Bewegung der Erde durch den Weltraum würde also auf der Erde eine Art »Ätherwind« erzeugen. Da der Äther als Trägermedium der »Lichtwellen« gedacht war, müßte sich das Licht entgegen dem »Ätherwind« langsamer bewegen als mit ihm. Michelson und Morley konnten aber keine Änderung der Lichtgeschwindigkeit feststellen. Bei der Wiederholung des Experimentes 1986 wurde mit sehr feinen Meßinstrumenten dagegen aber sehr wohl eine leichte Veränderung festgestellt.

Dennoch haftete dem Begriff des Äthers in der Naturwissenschaft etwas Anrüchiges an. Daher nutzten Physiker zunehmend andere Begrifflichkeiten, die jedoch im Kern Ähnliches beschrieben: der »Quantenschaum« eines John Wheeler, die »implizite Ordnung« eines David Bohm, die Skalar- oder Longitudinalwellen eines Konstantin Meyl oder auch Begriffe wie »Vakuumenergie«, »Gravitationswellen« bei Dr. Hartmut Müller oder morphoenergetisches Feld, informationstragendes Subquantenfeld, auf die wir gleich noch kommen werden, und viele andere.

Gemeinsam ist den Begriffen in Geistes- und Naturwissenschaft, daß dieser »Äther« (Sie gestatten, daß ich bei diesem Ausdruck bleibe) ein Medium ist, das Geist und Materie – oder physikalisch ausgedrückt: Information und Teilchen – miteinander verbindet, ja »Materie gebiert« und für die Formgebung und das Verhalten materieller Teilchen mitverantwortlich ist.

»Heute gilt in der theoretischen Physik die Aussage, daß der leere Raum all diese Energie trägt, die durch die Materie selbst nur unwesentlich erhöht wird. Materie bildet daher nur ein winziges Tröpfchen jenes Ozeans an Energie, in welchem sie relativ stabil und manifestiert ist. Meine Schlußfolgerung ist daher, der impliziten Ordnung eine Realität zuzuschreiben, die jene der Materie bei weitem übersteigt. Materie macht vor jenem gewaltigen Hintergrund nur ein Tröpfchen aus« [4].


## Noch einmal: Die drei Welten

Zum Verständnis noch einmal das Drei-Welten-Modell: Auf der einen Seite haben wir die Welt der Materie, unsere Realität, am gegenüberliegenden Ende eine Wirklichkeit, die keinen Raum und keine Zeit kennt, die »Paradieswelt«. Diese Wirklichkeit ist erfüllt von Archetypen (Carl Gustav Jung) oder »virtuellen Teilchen« (John Wheeler), von Engeln und Göttern.

Dazwischen befindet sich als trennendes und verbindendes Medium zugleich der Äther. Er steht zwischen Raum und Gegenraum, besitzt sowohl einen Energie- oder Kraftaspekt als auch einen Bewußtseins- oder Informationsaspekt. Der Äther *ist* E-motion, das, »was hinausbewegt wird«, und damit Urkraft unserer Psyche. Zudem besitzt der Äther den Aspekt der Gestaltbildung. Wie John Wheeler es ausdrückt: Das Vakuum ist erfüllt von virtuellen Teilchen. Aus ihm, dem sogenannten »Quantenschaum«, entstehen immerwährend Materieteilchen: »Der Quantenschaum blubbert.«

## Bildekräfte

Diese Zwischenebene ist also für die Materiebildung und Formgebung mitverantwortlich. Rudolf Steiner nennt dies die »Bildekräfte«: Ein geistiger Impuls regt die Bildekräfte an, bestimmte Formen vorzubilden.

Sehr ähnlich drückt dies der Biologe Rupert Sheldrake aus. Ein Gedanke, eine Idee, eine Handlung bewirken, daß »morphische Felder« beeinflußt werden. Seit den 1920er Jahren vertreten viele Forscher die Ansicht, daß sich entwickelnde Organismen von Feldern geformt werden – den sogenannten morphischen oder morphogenetischen (formbildenden) Feldern. Sheldrake ist nun der Ansicht, »daß es sich bei diesen Feldern nicht bloß um irgendwie mechanistische Standardprozesse, sondern um etwas wirklich Neues handelt«. [41] Er postuliert: »Erstens: Morphogenetische Felder sind eine neue Art von Feld, die bislang von der Physik nicht anerkannt wird.

Zweitens: Sie nehmen Gestalt an, entwickeln sich wie Organismen. Sie haben eine Geschichte und enthalten ein immanentes Gedächtnis aufgrund des Prozesses, den ich morphische Resonanz nenne.

Drittens: Sie sind Teil einer größeren Familie von Feldern, den sogenannten morphischen Feldern.

Auf diesen Prinzipien basiert das, was ich die Hypothese der Formbildungsursache nenne.« [41]

Durch Wiederholungen werden die Muster, die von den morphischen Feldern organisiert werden, zunehmend wahrscheinlicher. Daraus erklärt Sheldrake sowohl evolutionäre Formbildungen als auch die Veränderung soziologischer Verhaltensmuster. Der erste Fisch, der vor Urzeiten an Land gespült wurde, baute sozusagen ein Feld auf. Jeder weitere sich in Ufernähe bewegende Fisch verstärkte dieses Feld, bis das morphische Feld so stark war, die materielle Formbildung zu beeinflussen und sich die Fische zu den ersten Amphibien entwickelten.

Ein Gesetz aus den traditionellen chinesischen Wissenschaften besagt: »Wo die Aufmerksamkeit hingeht, geht das Qi hin.« Ein Informationsimpuls (Paradieswelt) durchdringt die Ätherebene und regt diese an. Es bilden sich sozusagen ätherische Vorformen, in die sich dann die Materie »hineinentwickelt«.

## Die vier Elemente-Äther

Wir hatten die vier Elemente Erde, Wasser, Feuer und Luft bereits als Wirksphäre der Elementarwesen bei Agrippa von Nettesheim, Paracelsus, Rudolf Steiner und Marko Pogačnik kennengelernt.

Der Äther, der ja selbst sogar als »Quinta Essentia«, als 5. Element bezeichnet wird, kann nun seinerseits durch die Brille der fünf Elemente betrachtet werden. In der Anthroposophie werden diese vier Elementeäther auch als Lebens- (Erde), Klang- (Wasser), Wärme- (Feuer) und Lichtäther (Luft) bezeichnet.

Wie in meinem Buch »Die Kraft des Ortes« [8] näher ausgeführt, besitzen die vier Elementeäther unterschiedliche Eigenschaften. Wichtig für ein späteres Verständnis ist hierbei vor allem der Erdäther. Als trägstes der vier Elemente hat der Erdäther die Eigenschaft, formgebend zu sein und Individuen von einem Gesamtmilieu abzugrenzen. Obgleich der Äther also als ganzheitliches,

Abb. 13: Eine Visualisierung des Ätherischen

alles durchdringendes Ätherfeld verbunden ist, kann die Formgebung insbesondere des Erdäthers dazu herangezogen werden, eigenständige Bewußtseinsfelder zu erkennen.

Zur Unterscheidung der vier Elementeäther kann u. a. die Radiästhesie genutzt werden. Aber auch Körperreaktionen und Empfindungen wie Schwere, Widerstand oder Druck können beispielsweise Anzeichen vorhandener Erdätherfelder sein. [Näheres zur Ätherwahrnehmung: [9]). Durch die Unterscheidung der vier Elementeäther kann die Elementezugehörigkeit eines Elementarwesens ebenso klassifiziert werden, wie die Verortung eines Fokus bestimmt werden kann. Dazu später mehr.

# Naturwissenschaftliche Betrachtungen

Kehren wir nun zurück zu den Naturwissenschaften. Wie im Exkurs über das Ätherische schon gezeigt, sind geistes- und naturwissenschaftliche Betrachtungen nicht so verschieden, wie man denken könnte. Betrachten wir uns die morphischen Felder des Rupert Sheldrake noch ein wenig näher.

### Felder höherer Ordnung

Bereits zwei der drei Grundpostulate Rupert Sheldrakes die morphischen Felder betreffend haben meines Ermessens sehr viel Ähnlichkeit mit etwas Wesenhaften:

»Sie nehmen Gestalt an, entwickeln sich wie Organismen. Sie haben eine Geschichte und enthalten ein immanentes Gedächtnis.«

»Sie sind Teil einer größeren Familie von Feldern, den sogenannten morphischen Feldern.«

Doch darin allein erschöpft sich der Gleichklang von Naturwesen und morphischen Feldern nicht. Sheldrake selbst führt weitere Eigenschaften der morphischen Felder aus:

»1. Sie sind sich selbst organisierende Ganzheiten.
2. Sie besitzen sowohl einen räumlichen als auch einen zeitlichen Aspekt und organisieren räumlich-zeitliche Muster von rhythmischer Aktivität.
3. Durch Anziehung führen sie das unter ihrem Einfluß stehende System zu bestimmten Formen und Aktivitätsmustern hin, deren Entstehen sie organisieren und deren Stabilität sie aufrechterhalten. Die End- und Zielpunkte, auf die die Entwicklung unter dem Einfluß der morphischen Felder zusteuert, werden Attraktoren genannt.
4. Sie verflechten und koordinieren die morphischen Einheiten oder Holons, die in ihnen liegen, und auch diese sind wiederum Ganzheiten mit eigenen morphischen Feldern. Die morphischen Felder verschiedener Grade oder Ebenen sind ineinander verschachtelt, sie bilden eine Holarchie.
5. Sie sind Wahrscheinlichkeitsstrukturen, und ihr organisierender Einfluß besitzt Wahrscheinlichkeitscharakter.
6. Sie enthalten ein Gedächtnis, das durch Eigenresonanz einer morphischen Einheit mit ihrer eigenen Vergangenheit und durch Resonanz mit den morphischen Feldern aller früheren Systeme ähnlicher Art gegeben ist. Dieses Gedächtnis ist kumulativ. Je häufiger ein bestimmtes Aktivitätsmuster sich wiederholt, desto mehr wird es zur Gewohnheit oder zum Habitus.« [42]

In der Tat sind die Gemeinsamkeiten von naturwissenschaftlichen Feldern und den Beschreibungen, die z.B. Agrippa von Nettesheim gab, verblüffend. Sheldrake selbst fielen solche Zusammenhänge auf. Er schreibt: »Als im 19. Jahrhundert der Begriff des elektromagnetischen Feldes entstand, gelangte damit ein Prinzip der spontanen Selbstorganisation in die Physik zurück, das fast alle Eigenschaften besaß, die man traditionell den Seelen zuschreibt.« [43, S. 99]. Im 4. Punkt der obigen Liste von Eigenschaften spricht Sheldrake morphische Felder verschiedener Grade und Ebenen an. So stehen bestimmte Orte in morphischer Resonanz mit ähnlichen räumlich oder zeitlich getrennten Orten. Es bilden sich »Felder höherer Ordnung«.

»Sollten Orte wirklich eigene morphische Felder besitzen, dann müssen diese Felder eingebettet sein in Felder höherer Ordnung, also etwa in die Felder von Flußsystemen und Gebirgszügen, diese wiederum in die Felder von Inseln oder Archipelen oder Kontinenten und diese schließlich in die morphischen Felder Gaias und des gesamten Sonnensystems.« [43, S. 204]

Und schließlich:

»Den Geist eines Ortes als morphisches Feld aufzufassen, impliziert, daß bestimmte Orte in morphischer Resonanz mit ähnlichen früheren Orten stehen. Die Klasse,

Abb. 14: Dryade

zu der ein Ort gehört und der die Tradition eine bestimmte Familie von Naturgeistern zuordnet, wird einen kollektiven Charakter, ein kollektives Gedächtnis besitzen.« [43, S. 205]

Eindeutiger kann man nicht werden: Elementarwesen *sind* morphische Felder!

## Die Theorie der Subquantenfelder

Ein (wörtlich) klitzekleines bißchen Physik: Was sind Quanten?

Im allgemeinen bezeichnen Quanten Elementar-... – nein, nicht Elementarwesen, sondern Elementarteilchen, also nicht weiter teilbare Teilchen. Ein Photon z. B. ist ein Quant des elektromagnetischen Feldes. Allerdings haben nicht alle Quanten in der Physik zwingend Teilchencharakter. Das »Drehimpulsquant« hat z. B. keinen. Doch wir müssen nicht so speziell werden. Jede Materie hat nicht nur Teilchencharakter (korpuskulares Verhalten), sondern auch Wellencharakter. Es ist nicht allzu weit hergeholt den Teilchencharakter als Stoffaspekt und den

Wellencharakter als Informationsaspekt zu beschreiben. Da haben wir sie wieder beide: Geist und Materie!

Oft meinen »Quanten« kleinste Energieeinheiten, die von einem System auf ein anderes übertragen werden. Und diese Energieeinheiten sind wiederum beides: Geist und Materie – Entschuldigung: Welle und Teilchen. Quanten sind folglich kleinste Proportionen der uns umgebenden Wirklichkeit.

Es ist eine spannende Synchronizität, daß die Planeten unseres Sonnensystems nach Göttern benannt wurden, im Mikrokosmos aber die »Quarxe« »leben«. »Quark« ist nicht nur die Bezeichnung für ein Elementarteilchen, sondern in diesem Fall auch tatsächlich für ein Elementarwesen, denn Quarxe oder Quergel, Quecken, u. a. sind Dialektbezeichnung für Zwerge und »Unterirdische«.

Aber zurück zur Physik. Wenn man nun den Wellencharakter eines Quants nimmt, stellt sich sofort die Frage, in welchem Medium sich denn die Welle fortbewegt, wenn wir doch bereits auf der untersten Ebene der Materie angekommen sind. Ein solches »Medium« wird dann flugs eben »Subquantenfeld« genannt. Es handelt sich dabei um ein unterhalb aller Materie, unterhalb der kleinsten Teilchen, der Quanten, liegendes Feld. Sie ahnen schon: Das Subquantenfeld ist nichts anderes als eine geistige Variation des Äthers!

Der Philosoph und Systemwissenschaftler, der wissenschaftliche Berater der UNESCO und Mitglied des Club of Rome, Ervin Laszlo, nennt dieses Feld auch schlicht »5. Feld«: »Nach allem könnte das Feld, in das die Quanten eingebettet sind, sehr wohl eine Substruktur besitzen; es ist angefüllt mit einem aus virtuellen Teilchen bestehendem Gas nahezu unendlich großer Energie. Die Quanten können Singularitäten – Knoten oder Kondensationen innerhalb des Gases – sein.« [27, S. 179]

Quanten sind »Pakete« innerhalb eines »informationstragenden interaktiven Subquantenfeldes«, des Äthers.

## Solitonähnliche Erscheinungen

Nun sind Quanten aber nicht nur »Pakete« innerhalb des Subquantenfeldes. Sie sind gleichzeitig *Teil dieses Mediums*. Wie kann das sein?

Wie kann etwas sich *in* einem Medium bewegen und zugleich das Medium sein? Ervin Laszlo meint, Quanten *erscheinen* nur als unabhängige Strukturen. Es sind »solitonähnliche Erscheinungen«.

Solitonen sind nichtlineare Wellen, die in turbulenten Medien auftreten können. Sie haben Eigenschaften eigenständiger Strukturen wie z. B. scheinbare Grenzen, sind aber Teil des Mediums. Ein schönes Beispiel ist eine Wasserwelle. Läuft eine Welle in einem See auf uns zu, können wir darauf deuten und sagen: »Schau! Diese Welle meine ich.« Die Welle bewegt sich fort und läuft schließlich am Ufer auf. Nur: Aus was besteht die Welle? Richtig, aus Wassermolekülen. Die Welle ist Teil des Mediums. Eigentlich handelt es sich bei einer Welle nur um auf- und abschwingende Wassermoleküle. Dennoch kann der Welle eine gewisse Eigenständigkeit nachgesagt werden. Wenn ich einen Stein ins Wasser werfe und dann einen zweiten, bewegen sich zwei Wellen z. B. aufeinander zu, ganz individuell, obwohl sie doch beide Teil des Mediums sind. Die Wellen bewegen sich fort, die Flüssigkeitsmoleküle nicht.

Auch eine »Welle« – »La Ola« – die im Fußballstadion herumläuft, ist als eigenständige Struktur erkennbar. Dennoch besteht sie aus Menschen, die zu einer bestimmten Zeit aufstehen und sich wieder hinsetzen. (Abbildung 15)

Abb. 15: »La Ola«, die Welle, ist eine »solitonähnliche Erscheinung«. Sie hat die Eigenschaft einer eigenständigen Struktur, ist aber dennoch Teil des Mediums.

Eine Reihe von Physikern betrachtet nun solche Solitone als eine gute dynamische Metapher für die Quanten innerhalb des Subquantenfeldes. Finden wir hier nicht große Gemeinsamkeiten mit den morphischen Feldern eines Rupert Sheldrake? Morphische Felder »verflechten und koordinieren die morphischen Einheiten oder Holons, die in ihnen liegen, und auch diese sind wiederum Ganzheiten mit eigenen morphischen Feldern.« Insofern wären auch morphische Felder »solitonähnliche Erscheinungen«.

## Von Skalarwellen und Ätherwirbeln

Wir haben bislang die Sachverhalte aus einer Perspektive beschrieben, aus der sich ein Photon im Medium des Lichtäthers (oder Subquantenfeldes) bewegt. Nun können wir aber auch eine andere Perspektive einnehmen: Das elektromagnetische Feld oder das Licht sind *Ausdrucksformen* des Äthers. Wenn sich die »Pakete« innerhalb eines Subquantenfeldes bewegen, dann geschieht dies oft in Pulsationen. Wenn diese Bewegungen gerichtet geschehen, sind es Solitonen im Äther. Solche Äther-Solitonen können wir auch als »Skalarwellen« bezeichnen.

Skalarwellen sind »eine gerichtete Ausbreitung ungerichteter und damit skalarer Teilchen oder Wirbelkonfigurationen« definiert Prof. Konstantin Meyl [32, S. 3]. Der Schall wäre demnach ein Beispiel: Die ungerichtet wirbelnden Luftmoleküle bilden das Medium. Die Druckwelle ist das Soliton, das sich gerichtet – longitudinal – darin fortbewegt. Skalarwellen könnten also auch als Ätherwirbel beschrieben werden. Während die üblicherweise gemessene elektromagnetische Welle (Transversalwelle) quer zur Ausbreitungsrichtung (eben transversal) schwingt, schwingt die Skalarwelle, die den korpulskularen Anteil, den Teilchenaspekt, verkörpert und als Ätherwirbel beschrieben werden kann, longitudinal, also in Richtung der Ausbreitung. Wie eine sich dehnende und verdichtende Raupe.

Der longitudinale Anteil einer elektromagnetischen Welle konnte bereits 1890 durch Nikola Tesla experimentell nachgewiesen werden. Das Spannende für unser Thema ist jedoch: Skalarwellen haben sehr starke psychische Eigenschaften. Tesla baute 1890 in Colorado Springs einen 10 Kilowatt-Sender für Skalarwellen und einen Empfänger in 40 km Entfernung. Mit Hilfe dieser Anlage konnten 200 Lampen zu je 50 Watt beim Empfänger zum Leuchten gebracht werden. Doch auf den dazwischen liegenden Weiden spielten die Pferde und Rinder verrückt! Derartige psychische Beeinflussungen werden im Zusammenhang mit Skalarwellen immer wieder berichtet. Wundert dies? Wenn Skalarwellen als Ätherwirbel beschrieben werden können und der Äther (jedenfalls *ein* Aspekt des Äthers) als ein Emotions- und Bewußtseinsfeld beschrieben werden kann, haben Skalarwellen natürlich Einfluß auf unsere Psyche.

Zusammenfassend können wir also sagen:

- Es gibt ein informationstragendes Subquantenfeld (5. Feld, Äther, morphisches Feld).
- Dieses Medium »gebiert« sozusagen elementare Materieteilchen, indem es Wirbelstrukturen bildet.
- Diese Wirbelstrukturen sind solitonähnlich, sie besitzen Individualität und sind dennoch Teil des Mediums. Sie können auch als morphische Felder innerhalb übergeordneter morphischer Felder angesprochen werden.
- Das Feld selbst, ebenso wie seine Solitone, die Wirbel, haben psychische Eigenschaften.
- Die Teilfelder können sich entwickeln, besitzen ein Gedächtnis und haben formbildende Eigenschaften.

Nun haben wir die Basis, um zu verstehen, was Naturwesen, ja, was geistige Wesen überhaupt sind.

# Teil 2 – Geistige Wesen

## Conclusio: Vom Wesen der Wesen

Wir haben nun die verschiedensten Blickwinkel Elementarwesen betreffend kennengelernt:

- Im Volksglauben sind Elementarwesen eigenständige beseelte Wesenheiten. Es sind »gefallene Engel«, die an Bäumen und Felsen »hängengeblieben« sind; oder verortete Wesenheiten, die aus einem Gesamtbewußtsein einer Sippschaft entstehen und sich in den Ort »hineingebären« (Genius loci).
- Für Proklus von Athen sind Naturgeister »zwischen Göttern und Menschen wirkende und vermittelnde Kräfte«, die die Seelen der Steine, Pflanzen und Elemente darstellen.
- Nach Agrippa von Nettesheim stammen Elementarwesen aus der Weltenseele (»himmlische Seele«). Sie können einem der vier Elemente zugeordnet werden und wirken an Erkenntnisprozessen des Menschen mit.
- Auch Paracelsus sieht ihr Wirken in den vier Elementen. Sie entstammen aus der Urmaterie und können im alltäglichen Bewußtseinszustand von Menschen nicht wahrgenommen werden. Elementarwesen haben eine Scheinindividualität, besitzen keine individuelle Seele, können diese aber über den Menschen erhalten.
- Für Rudolf Steiner entstehen Elementarwesen als Abschnürungen der Engel. Sie besitzen kein Ich, durchlaufen aber eine eigene geistige Evolution, die stark vom Erkenntnisprozeß des Menschen abhängig ist, der die Wesen dadurch »erlöst«. Die geistigen Bilder von den Naturwesen gelten für ihn nicht als die tatsächliche Form der Wesen, sondern nur als »Veranschaulichungen einer geistigen Wirklichkeit«.
- Auch für Marko Pogačnik haben Elementarwesen eine eigenständige Evolution, für die sie aber nicht zwingend den Erkenntnisprozeß des Menschen benötigen. Sie entstammen dem geistigen Erdenkosmos

und sind die »emotionale Intelligenz«, die Gefühlsebene der Erde. Funktional sind sie »Steuerungszentren im Raum«. Sie fokussieren sich an bestimmten Orten, Bäumen, Quellen, Felsen u. a. Die Bilder von Naturwesen sind symbolische Wiedergaben der Wahrnehmungsfähigkeit unseres Gehirns.

- In der Psychologie sind Elementarwesen *keine* eigenständigen Wesenheiten, sondern eine Resonanz der menschlichen Seele (Hellpach) bzw. mit dem kollektiven Unbewußten verbundene seelische Zustände (C. G. Jung), die nach außen projiziert werden. Obgleich sie keine eigenständigen Wesen sind, sind sie doch Bewußtsein, da die menschliche Psyche Teil der Natur ist.
- Der Biologe Rupert Sheldrake sieht in Elementarwesen morphische Felder. Morphische Felder sind verschachtelt und verflochten. Sie besitzen ein Gedächtnis und »organisieren raum-zeitliche Muster von rhythmischer Aktivität«. »Sie nehmen Gestalt an und entwickeln sich wie Organismen.«
- In der Quantenphysik gibt es starke Parallelitäten: Informationspakete in einem informationstragenden, interaktiven Subquantenfeld, die auf das Bewußtsein des Menschen reagieren. Diese Pakete verhalten sich wie Solitone, also scheinindividuelle Strukturen, die Teil des Mediums (Äther) sind.
- Materie, ebenso wie elektromagnetische Wellen können als Ätherwirbel (»Singularitäten«, »Knoten«) betrachtet werden. Diese beeinflussen menschliches und tierisches Bewußtsein.

Was nun? Sind Elementarwesen nun tatsächlich Wesen oder nur Kraftfelder, Informationspakete oder Projektionen der menschlichen Seele? Ich hätte mir nicht die Mühe gemacht, diese verschiedenen Perspektiven aufzuzeigen, wenn sie für das Verständnis von geistigen Wesen nicht maßgeblich wären. Also der Reihe nach...


## »Gespaltenes Bewußtsein«

Bereits zu Beginn des Buches habe ich meiner Meinung Ausdruck verliehen, daß Bewußtsein nichts Statisches ist. Es besitzt eine florale

Charakteristik. Bewußtsein kann sich aufspalten wie eine Pflanze, von der man einen Trieb abschneidet. Es kann sich aber auch verbinden wie bei der Veredelung eines Obstbaumes, wenn ein solcher Trieb auf ein anderes Pflanzenindividuum gepfropft wird.

Schon Augustinus beschäftigte sich in seinen *Confessiones* mit der Problematik der Einheit der Persönlichkeit. Trotz seiner Bekehrung bemerkte er, daß seine alte »heidnische Persönlichkeit« in Träumen immer wieder lebendig wurde und daher noch existent war. »Ist ein so großer Unterschied zwischen mir und mir, allein im Augenblick, wenn zum Schlaf mich lege und vom Schlaf erwache!« [2].

Abb. 16: Wir besitzen die verschiedensten Persönlichkeitsanteile, von denen uns nur wenige bewußt sind.

Im allgemeinen kennen wir das »gespaltene Bewußtsein« nur als einen pathogenen Zustand, wenn z. B. ein Mensch unter einer Persönlichkeitsspaltung leidet und eine »multiple Persönlichkeit« bildet. Zu einem bestimmten Zeitpunkt übernimmt ein Teilaspekt der Psyche die Rolle der Persona. »Person« kommt von »personare«, »hindurchtönen«. Es meinte eine Maske im antiken Theaterspiel, die einen Schalltrichter besaß, durch den man hindurchsprach. Die Person ist eine Maske, eine Rolle der Psyche. Bei einer gespaltenen Persönlichkeit übernimmt in bestimmten Situationen ein »Seelenanteil« die Führung. Dieser erscheint als vollständig autarkes Wesen, während ein anderer Seelenanteil »schläft«. Der Psychiater Frank Putnam vom National Insitute of Health hatte bei seinen Untersuchungen festgestellt, daß sich das EEG (Elektroenzephalogramm) eines Patienten mit Dissoziation, also einer multiplen Persönlichkeit, dramatisch veränderte, wenn sich in ihm ein »Persönlichkeitswechsel« vollzog. Ja, es kann sogar sein, daß die eine Person der Psyche auf bestimmte Medikamente allergisch reagiert, während der Körper keinerlei Symptome zeigt, wenn eine andere Person, ein anderer Teil der Psyche, die Führung übernommen hat. Es gibt belegte Fälle, in denen weibliche Patienten, die unter Persönlichkeitsspaltung litten, drei Menstruationen pro Monat hatten – für jede ihrer Persönlichkeiten eine, so daß sich die geistige Persönlichkeit bis auf die Ebene der Veränderung der Körperlichkeit auswirkte. Es sind Fälle belegt, bei denen bis zu 50 (!) Personen einen Körper bewohnten.

Obwohl wir aus solchen pathogenen (kranken) Zuständen die meiste Kenntnis über solche Fähigkeiten des Bewußtseins erhalten haben, heißt dies nicht, daß die Spaltungsfähigkeit des Bewußtseins an sich krankhaft ist.

In der Mythologie gibt es viele Variationen dieses Themas. Eine mir sehr lieb gewordene ist diese: Gott kannte nur sich selbst. Salopp gesprochen, war ihm langweilig. Darum zersplitterte er in Myriaden von Bewußtseinsfeldern. Diese bildeten die Tiere, die Pflanzen, die Menschen, aber auch die Galaxien, Sonnensysteme und Planeten. Wenn Paracelsus von der Seperatio spricht, die aus der Urmaterie die Wesen entstehen läßt, dann ist genau dies damit gemeint. »Seperatio« heißt nichts anderes als »Teilung« oder »Trennung«.

Wie Wasser, das man teilt, teilt sich Bewußtsein. Es besitzt dann jeweils eine eigene Identität. So ist das Universum ein einziges großes Bewußtseinsfeld (das »informationstragende Subquantenfeld«). Jede Galaxie bildet eine Abschnürung. Jedes Sonnensystem eine weitere. So gesehen kann man unsere Galaxie als »Wesen« ansprechen, ebenso wie unser Sonnensystem. Die Planeten bilden weitere Untereinheiten. Eines dieser Wesen ist Gaia, die Erde. Ähnlich drückte sich ja auch Rupert Sheldrake aus, als er die Verschachtelung der morphischen Felder beschrieb.

Die Erde ihrerseits nun splittert ihr Bewußtsein auf in Tausende einzelne Orte mit ihrem jeweils eigenen Genius. Und die Elementarwesen? Diese sind die Persönlichkeitsanteile des Ortsgenius.

Elementarwesen sind solitonähnliche Erscheinungen. Sie sind Teil des Mediums, des Bewußtseinsfeldes von Gaia, besitzen aber die Eigenschaften autarker Strukturen (z. B. Grenzen, Gedächtnis, Entwicklungsfähigkeit). Insofern kann man mit Paracelsus oder Rudolf Steiner tatsächlich von einer Scheinindividualität sprechen. Andererseits ist die individuelle Wesenhaftigkeit eines Elementarwesens nicht mehr und nicht weniger »scheinbar«, als die des Menschen – aber zu dem kommen wir später.

Betrachten wir den Mythos vom Fall der Engel einmal frei von bewertenden moralischen Belegungen: Aus der Paradieswelt heraus lösen sich Tausende von Bewußtseinsimpulsen und »fallen« auf die Erde. Es ist das Bild eines geistigen Inkarnationsprozesses. Dabei trennen sich diese Bewußtseinsfelder vom All-Einen (Gott) ab. Dies müssen sie tun, wenn sie eine irgendwie geartete Individualität aufbauen wollen. Der Gral gilt in dieser mythischen Legende als Stein aus Luzifers Krone, der bei seinem Sturz auf die Erde fiel. Er ist die Essenz des Bewußtseins in allen Dingen. Wer den Gral schaut, der kann nicht sterben, heißt es. Wer sich des Bewußtseins in allen Dingen gegenwärtig ist, kann keinen Tod mehr sterben, sondern nur neue Welten und neue Erfahrungsräume entdecken.

Elementarwesen blieben bei diesem Inkarnationsprozeß an Bäumen, Bergen usw. »hängen«, heißt es im Volksglauben. Proklus von Athen sieht deshalb in den Wesen die Seelen der Pflanzen, Mineralien usw.

Ein Naturwesen ist ein individuelles Wesen. Anders aber als der Mensch ist es viel stärker noch verbunden mit dem übergeordneten Bewußtseinsfeld, mit dem Ortsgenius, dem Genius eines Kontinents und schließlich mit Gaia selbst, die wiederum mit dem Bewußtsein unseres Sonnensystems verbunden ist usw.

»Stirbt« ein Elementarwesen, dann bedeutet dies, es zieht seine Aufmerksamkeit aus der Objektwelt heraus. Paracelsus sagte: Am Ende der Dinge vergehen die Wesen wieder. Wie ein Wassertropfen, der eine Zeit lang das Individuum Tropfen war und nun in einen See fällt, geht das Bewußtsein wieder auf im Bewußtsein von Gaia, der Erde. »Sterben« meint ein Verlassen der physischen Realität.

Ein Naturwesen ist aber auf der »diaphanen«, der durchscheinenden Ebene gegenwärtig, wie Paracelsus sich ausdrückte. Es ist ein Wesen der Zwischenwelt. Ein Naturwissenschaftler, der ausschließlich die objektive Realität betrachtet, hat daher selbstverständlich Recht: Elementarwesen gibt es nicht! Nicht in der Objektwelt. Es hat lediglich seinen Fokus auf einen Ort gesetzt.

## Der Bewußtseinsfokus

Ein Fokus ist ein Brennpunkt, eine Konzentration unserer Aufmerksamkeit. Wir alle kennen dies: Stellen Sie sich vor, Sie machen ein Schläfchen. Ihr Bewußtsein hat sich aus der Realität weitgehend zurückgezogen. Nun klopft es an der Tür. Langsam, ganz langsam, dringt das Klopfgeräusch aus der Objektweltebene als Impuls in Ihr Bewußtsein. Zunächst wird das Geräusch vielleicht in den Traum integriert. Vielleicht träumen Sie, jemand schlägt einen Nagel in die Wand. Doch das Klopfen bleibt konstant. Ihr Bewußtsein fokussiert sich stärker darauf, und langsam gleiten Sie in den Wachzustand und damit zurück in die Objektwelt-Wirklichkeit, die Realität.

Sollte der Besucher jedoch zu früh aufgeben und das Klopfen beenden, dann verliert Ihr Bewußtsein möglicherweise seinen Bezugspunkt, seinen Aufmerksamkeits-Brennpunkt, seinen Fokus, und gleitet zurück in die Traumwelt.

Der Fokus eines Naturwesens ist nichts anderes. Es ist der Brückenschlag in die objektive Realität. Hier hält sich das Wesen sozusagen fest, indem ein Großteil seiner Aufmerksamkeit auf dem Ort ruht. Oft verbindet es sich dabei mit einem Wesen, das seine Präsenz bereits in der Objektwelt hat, z. B. einer Pflanze, einem Baum. Dieser Baum ist der »Klopfer«. Über ihn kann das Naturwesen seine geistige Aufmerksamkeit in der Objektwelt halten. Wird der Baum gefällt, so »hört das Klopfen auf«. D. h. der Bezugspunkt geht verloren und das Wesen gleitet zurück in ein Kollektivbewußtsein. Es sei denn, es gelingt vorher, den Fokus zu verlagern.

Solche Verlagerungen eines Bewußtseinsfokus sind auch historisch belegt. Macrobius beschrieb um 400 n.Chr. wie die Römer den Schutzgenius einer Stadt zu beeinflussen suchten. Bei der Belagerung einer feindlichen Stadt wurde eine *evocatio*, eine Anrufung des Genius, vollzogen: »Mag es ein Gott, mag es eine Göttin sein, in dessen Schutz Volk und Gemeinde des Feindes stehen, und dich besonders, der du den Schutz dieser Stadt und dieses Volkes übernommen hast, euch bitte ich, flehe ich an und erbitte eure Gnade: Wendet euch ab von Volk und Gemeinde der Feinde, verlaßt die heiligen Tempel und Stätten ihrer Stadt, weichet von ihnen, flößt diesem Volk und dieser Gemeinde Furcht,

Angst und Verlassenheit ein, kommt nach Rom zu mir und den Meinen, unsere heiligen Stätten und Tempel, unsere Stadt mögen euch willkommener und wohlgefälliger sein; seid mir und dem römischen Volke und meinen Soldaten gnädig, so daß wir das verstehen und erkennen. Tut ihr so, gelobe ich euch Tempel und Spiele.« [30]

Nach der Eroberung der Stadt wurden dann die Originalstandbilder der Götter in den Tempeln nach Rom gebracht. Am Ort aber wurden Kopien aufgestellt. So war auch der »lapis niger«, der schwarze Stein auf dem Forum Romanum ein Fokuspunkt. Dabei handelte es sich um einen Meteoriten, der als Sitz der Göttin Kybele galt und aus Anatolien hierher gebracht worden war.

Ich möchte hier nicht weiter auf den Machtaspekt solcher militärisch genutzten Praktiken eingehen, auch nicht darauf, daß offenbar die scheinbare Religionstoleranz Roms wohl eher dazu diente, »Mana«, magische Kraft in Rom anzuhäufen. Vielmehr möchte ich das Augenmerk darauf lenken, daß hier offenbar Götterstandbilder oder heilige Objekte wie der *lapis niger* als Fokus für geistige Wesen dienten. Mit der örtlichen Verschiebung des Fokusobjektes konnte auch der Aufmerksamkeitsort verändert werden. Auf diese Weise kann der Fokus eines Naturwesens rituell z. B. von einem Baum auf einen Stein übertragen werden, wenn der Baum gefällt werden muß, um später den Fokus auf einen neu zu pflanzenden Baum zurück zu übertragen. Um in unserer Metapher zu bleiben: Kurz bevor das »Klopfen« aufhört, gibt man ein zweites Geräusch dazu, z. B. die Stimme: »Hallo? Läßt du mich rein?« Auch wenn das Klopfen nun aufhört, ist immer noch die Stimme da, die den Träumenden in das Alltagsbewußtsein leitet.

Manche Wesen, vor allem »höhere Naturgeister«, man spricht gerne mythologisch von einer Deva oder einem Pan, können mehrere Fokusse setzen. Sie beherrschen sozusagen »Multitasking«. Auch Engel, zu denen wir später noch kommen, beherrschen dies.

Oft bilden solche »höheren Wesen« (ich setze diesen Ausdruck bewußt in Anführungszeichen, denn es soll damit keinerlei höhere Wertigkeit ausgedrückt werden) selbst wiederum Fokussierungszentren für »untergeordnete Wesen«. Äußerlich erscheint ein Naturwesen z. B. als Naturgott wie Pan oder Cernunnos, und manch einer spricht dabei in der

Sprache der Märchen auch vom »König der Zwerge«, vom »Erlkönig« und ähnlichem. Dies ist ein Bewußtseinszentrum für andere Naturwesen. Ein »höheres Naturwesen« ist sozusagen bereits in unsere Realität hinein »erwacht« und kann nun seinerseits »klopfen« oder »rufen«. Im Ätherischen sind hier oft vom zentralen Fokus aus Verbindungslinien zu anderen Bewußtseinsbrennpunkten feststellbar, dazu gleich mehr.

## Mit wem spreche ich, wenn niemand da ist

Psychologisch gedeutet, handelt es sich bei geistigen Wesen im allgemeinen und Naturwesen im besonderen um Projektionen innerseelischer Archetypen; böse formuliert, um Halluzinationen. Zu bestimmten Zeiten können diese »Projektionen« bis in unser Bewußtsein gelangen, und wir sehen das Naturwesen. Warum aber nicht immerwährend?

Dazu müssen wir den Wahrnehmungsvorgang etwas näher betrachten (siehe dazu auch das Buch »Grenzenlose Sinne« [6]): Ein Objekt gelangt nicht als Ganzes in unser Bewußtsein. Vielmehr werden verschiedene Teilaspekte in vollkommen verschiedenen Gehirnrealen abgearbeitet: die Farbe, die Form, die Bewegung, die Temperatur, die gefühlte Art der Oberfläche usw. Erst anschließend werden diese verschiedenen Rohdaten zusammengefügt und von unserem Bewußtsein interpretiert. Dabei entscheidet unsere Erfahrung, wie diese Fragmente zusammengesetzt werden. Ist es uns viele Male gelungen z.B. einen Apfel als solchen zu identifizieren und haben wir dafür als Kleinkind von unseren Eltern Lob geerntet, dann ist die Wahrscheinlichkeit groß, daß auch das nächste Objekt mit ähnlichen Rohdaten ein Apfel ist, also sehen wir einen Apfel.

Im Gehirn ist es vor allem der Hippokampus, der als »Pförtner« fungiert und bestimmte Interpretationen in unser Bewußtsein läßt. »Gesichter«, die er durch häufige Begegnungen an seiner Pforte sehr gut kennt, gelangen schnell in unser Bewußtsein. Andere sieht er sich genauer an und entscheidet mit Hilfe seines großen Archivs, wem sie wohl ähneln könnten. Durch bestimmte Ereignisse wie Drogen, Trance usw. wird dieser Türsteher aber »schlafen gelegt«. Nun gelangen auch andere Interpretationen an ihm vorbei in unser Bewußtsein. Etwas

Weißes, Lichtes, Senkrechtes, sich oben Entfaltendes und Bewegendes wird vielleicht üblicherweise als Kerze gesehen, in anderen Bewußtseinszuständen dagegen vielleicht als Engel. Der Unterschied beider Interpretationen ist lediglich unsere Erfahrung mit ihnen. Die meisten werden mehr Kerzen als Engel gesehen haben, weshalb die Interpretation »Kerze« eben viel leichter in unser Bewußtsein gelangt.

Was ist nun aber mit den Elementarwesen? Beim Vergleichen greift der Türsteher wie gesagt auf ein großes Archiv zurück – auf alles, was wir in unserem Leben gesehen und erlebt haben – und wählt das passendste Bild aus. Nur mit dieser »Maske« gelangt das Wahrnehmungsobjekt in unser Bewußtsein. Unsere Archivbilder für Elementarwesen sind meist die Märchenbücher unserer Kindheit. Hier haben wir Dutzende von Zwergen und Elfen gesehen. Dummerweise hat man uns beim Erwachsenwerden eingebleut, daß Märchen doch Kinderkram sind und nichts mit der Realität (sic!) zu tun haben. Will nun ein solches Wesen am Türsteher vorbei in unser Bewußtsein, so sucht dieser nach dem passendsten Bild: kleiner Mann mit Bart, roter Zipfelmütze und Spitzhacke. Dummerweise steht auf dem Ordner: »Verboten! Kinderkram!« Weshalb die einzigen unserem Bewußtsein zur Verfügung stehenden Bilder nicht genutzt werden »dürfen«. Deshalb können wir Elementarwesen nicht sehen! Sie werden sozusagen herauszensiert. Daß solche Zensuren unseres Tagesbewußtseins nicht nur möglich, sondern geradezu an der Tagesordnung sind, habe ich im Buch »Grenzenlose Sinne« ausreichend dargelegt.

Wegen dieses Wahrnehmungsprozesses plädiert Marko Pogačnik dafür, die Elementarwesen aus dem »Gefängnis« der Märchenbuchbilder zu befreien. Er gibt ihnen in sehr freien, verwobenen linearen Zeichnungen neue Gestalt, die unser Bewußtsein alternativ nutzen kann. Lösen wir uns vom »Zwang« der Märchenbilder, geben wir unserem Verstand die »Erlaubnis« zwar keinen Zwerg, aber eine »solitonähnliche Erscheinung«, ein »morphisches Feld« usw. wahrzunehmen.

Die Wahrnehmung ist also ein innerseelischer Prozeß. Wie sieht es nun aber mit der Kommunikation aus? Mit wem spreche ich da, wenn doch niemand da ist?

Vergegenwärtigen wir uns noch einmal das Drei-Welten-Modell. Auf der Ebene der Objektwelt ist das Naturwesen tatsächlich »nicht da«, und ich bin vom Baum, der dem Wesen als Verortung dient, getrennt. Jenseits der Realität jedoch, auf der Wirklichkeitsebene der Paradieswelt, gibt es diese Trennung nicht. Hier wirkt das *unus mundus* wie C. G. Jung es nannte. »Unsere Psyche ist ein Teil der Natur und ebenso unbegrenzt wie diese.« [23, S. 23] Hier, in dieser höheren Wirklichkeit, in der alles subjektiv ist, weil es kein Objekt im Sinne einer von mir getrennten Sache gibt, bin ich und das Elementarwesen eins. Das Elementarwesen tritt mit dem schöpferischen Unbewußten in mir in Resonanz. Innerseelische Vorstellungsbilder werden auf den Baum (oder einen anderen Ort) projiziert, dabei sicherlich gefärbt und gewandelt, wie dies eben erklärt wurde, und doch sind es Resonanzen auf das Bewußtsein des Elementarwesens! Das morphische Feld »Mensch« tritt in wechselseitige Resonanz mit dem morphischen Feld »Baum« oder »Naturwesen«. (Abbildung 17)

Dabei wird jedoch auch die fluktuative Wirklichkeit der Welt der Bildekräfte, des Ätherischen, durchquert. Der Äther aber ist Emotion! Und Naturwesen sind *die Gefühlsebene der Erde,* wie Marko Pogačnik sich ausgedrückt hat. Dies muß bei der Kommunikation unbedingt berücksichtig werden!

Die »Sprache« ist daher eng an unser emotionales Erleben gekoppelt. Dies bedeutet für den Wahrnehmenden bzw. Kommunizierenden, daß er sehr stark auf seinen Seelenzustand, seine Gefühle und Bedürfnisse achten muß. Es kann sein, daß mir im Austausch mit einem Genius ein reales Erlebnis in den Sinn kommt. Nehmen wir z. B. das Kaffeekränzchen mit Tante Erna letztes Wochenende. Wesentlich in diesem Bild ist jedoch nicht das reale Ereignis, sondern sich die dahinter verbergende Wirklichkeit: Wie fühlte ich mich an diesem Nachmittag? War es ein angenehmes, behagliches Willkommensein? Oder wollte ich nur weg, weil die Gespräche langweilten, der Kaffee viel zu wäßrig und der Kuchen fade war? Die an das konkrete Erinnerungsbild angekoppelte emotionale Situation ist sozusagen der »gesprochene Satz« des Genius. Hat er Interesse an einem weiteren Austausch oder nicht? Erkenne ich: »Oh ja, bei Tante Erna hat es mir gefallen, das war lustig«, kann ich nun meinerseits einen »Satz sprechen«. Wiederum ist nicht der mentale Satz das Entscheidende. Möchte ich z. B. ein »Gastgeschenk« geben, so

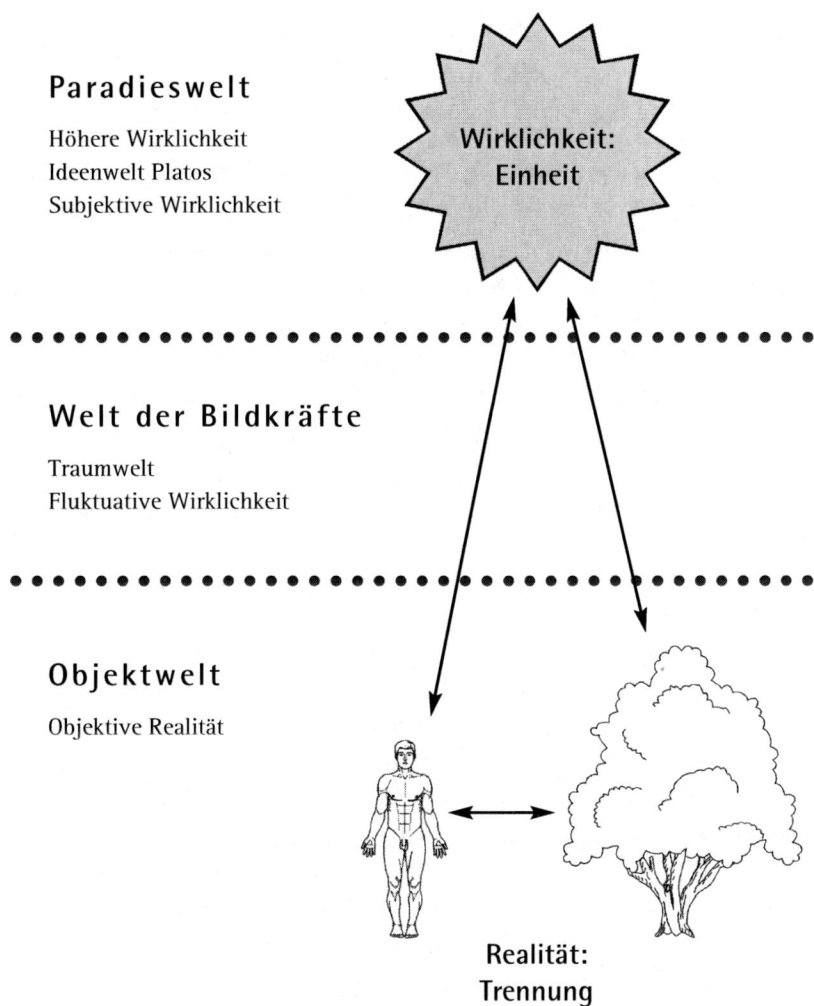

## Paradieswelt

Höhere Wirklichkeit
Ideenwelt Platos
Subjektive Wirklichkeit

**Wirklichkeit:
Einheit**

## Welt der Bildkräfte

Traumwelt
Fluktuative Wirklichkeit

## Objektwelt

Objektive Realität

**Realität:
Trennung**

Abb. 17: Kommunikation als Einheitsempfindung. Auf der Objektwelt-Ebene getrennt, können wir mit einem Baum oder Naturwesen auf der Paradieswelt-Ebene kommunizieren, da hier keine Trennung von Subjekt und Objekt vorherrscht.

erinnere ich mich daran, wie ich jemanden real beschenkt habe und dieser sich über das treffliche Geschenk freute. Ich lasse die Freude in mir aufsteigen. Erst beides – Emotion und Symbolbild – gemeinsam werden auf der kollektiv-seelischen Ebene zu einer verstehbaren Äußerung...

Da der Kontakt zu einem geistigen Wesen eigentlich auf der Paradiesweltebene, der Ebene der »urbildlichen Dimension« (Pogačnik), stattfindet, ist die Arbeit mit Elementarwesen *immer* auch eine Arbeit an uns selbst und am gesamten Kosmos! Deshalb sprach Rudolf Steiner davon, daß die Wesen durch die menschliche Bewußtwerdung »erlöst« würden, Agrippa von Nettesheim dagegen, daß Elementarwesen an der geistigen Evolution und den Erkenntnisprozessen des Menschen mitwirken würden. Beide Meinungen erscheinen nun als zwei Seiten der gleichen Medaille. Wir können kein Wesen *heilen*, ohne uns dabei selbst zu heilen. Umgekehrt ist Erdheilung zugleich ein Heilungsimpuls der Erde am Menschen: Die Erde heilt dich! Die Kommunikation mit geistigen Wesen ist *Gesprächstherapie* auf der urbildlichen Dimension.

## Der Tanz des Äthers

Kommt ein geistiger Impuls aus der Wirklichkeitsebene der Paradieswelt in unsere Objektwelt-Realität, so durchdringt dieser dabei auch die fluktuative Wirklichkeit der Ätherebene, der Welt der Bildekräfte. In den traditionellen chinesischen Wissenschaften entstand der Satz: »Wo die Aufmerksamkeit hingeht, geht das Qi hin.« In der Quantenphysik hat man festgestellt, daß allein die Absicht, die Aufmerksamkeit des Beobachters, die Wirklichkeit im Quantenbereich verändert und eine Welle oder ein Teilchen »erzeugt«. Auch hier bewirkt die Aufmerksamkeit, also ein geistiger Impuls, eine Reaktion des Subquantenfeldes. Der Ätherraum wird sozusagen dazu angeregt, einen Wirbel zu bilden.

So wie ein Stein, den man in einen Teich wirft, Wellen und beim Tiefersinken Wasserwirbel erzeugt, so erzeugt jeder geistige Impuls, der die »Wasserwelt« durchdringt, einen Ätherwirbel. Auf der Objektweltebene ist der Äther als Bildekraft, als morphisches Feld, für die Formentstehung verantwortlich. Der Ätherwirbel des geistigen Impulses versetzt das ansonsten relativ homogene Feld in eine innere Dynamik. Hieraus läßt sich erklären, warum an Orten, an denen ein Elementarwesen »präsent« ist, Bäume oft ihren geraden Wuchs aufgeben und schwingende und tanzende Formen bilden, sich drehen, teilen und vereinen [Abbildung 18 a - d]. Der geistige Impuls, der Fokus des Wesens am Baum, erzeugt

Abb. 18: Die Ätherwirbel eines Elementarwesens beeinflussen den Wuchs der Bäume:
a: Buche mit Drehwuchs und Zwiesel über einer Wasserader und Diagonalgitterkreuzung mit Fokus einer Deva (Rastenberg/Österreich)
b: Schlangenartiges Umwinden eines Elementarwesenfokusses
c: Hainbuche umfängt den Fokus einer Deva (Schlosspark Nymphenburg, München)
d: »Baumehe«: Zwei Bäume wachsen zu einem zusammen. (Soonwald)

ätherische Wirbel. Wiederum sind diese Ätherwirbel Teil des Mediums, des Ätherfeldes. Zugleich aber bilden sie eigenständige Strukturen. Sie sind Solitone.

Auf der Ätherebene sind geistige Wesen, sind Elementarwesen, Ätherwirbel, oder morphische Felder, »raum-zeitliche Muster von rhythmischer Aktivität« (R. Sheldrake). Jedes Feld, jedes Wesen, hat dabei seine ureigenste Rhythmik, die in den ätherischen Raum hinauspulst. Diese unterschiedlichen Rhythmen können aber auch als Emotion (»Das, was hinausbewegt wird«) decodiert werden. Daher erzeugen Elementarwesen – wie auch jedes andere Wesen – am Ort eine spezifische emotional spürbare Ortsatmosphäre.

Auch der Mensch erzeugt selbstverständlich durch seine Präsenz und Aufmerksamkeit Ätherwirbel und Pulsationen im Raum. Darum äußerte Werner Heisenberg: »Jeder Beobachter beeinflußt das zu beobachtende System.«

Die Rhythmik, die Frequenz unterschiedlicher Pulse und Wirbel können wir auch als Musik interpretieren und die sich bildenden Wirbel als Tanz der Wesen. Darum »tanzen« mythologisch die Elfen auf der Lichtung und Rumpelstilzchen ums Feuer. Die spezifischen Frequenzmuster des Äthertanzes können jedoch auch radiästhetisch genutzt werden. In der physikalischen Radiästhesie werden verschiedene Grifflängen, also Halteabstände ab Rutenspitze, genutzt, um die Rute als Frequenzfilter einzusetzen. D. h., verschiedene Grifflängen stehen für verschiedene Wellenlängen bzw. Frequenzen. Dadurch ist es möglich, die verschiedenen Rhythmen als z. B. die vier Elementeäther zu decodieren. D. h. der Feueräther eines Feuer-Elementarwesens besitzt sozusagen eine andere Musik als der Wasseräther einer Nixe oder Najade.

Erfahrungsgemäß sind vor allem bei »höheren Elementarwesen« alle vier Elementeäther nachweisbar. Der dominante, der vorherrschende Äther bildet jedoch sozusagen den Grundton und klassifiziert damit die Wesen als einem der vier Elemente zugehörig.

Dabei haben die Elementarwesen natürlich eine Affinität zu ihrem Grundelement. Natürlich, physisches Wasser ist ja selbst ein »dichter Ätherwirbel«, ein morphisches Feld. Daher besteht für Wasserwesen eine starke Resonanz zu physischem Wasser. Dabei muß das Wasser aber nicht unbedingt sichtbar sein, auch Wasseradern erzeugen solche Ätherfelder.

Geologische Verwerfungen dagegen haben starken Einfluß auf den Feueräther. Deshalb sind entlang von Verwerfungen oder auch Vulkanschloten häufig Feuerwesen präsent; sogar dann, wenn die physischen Prozesse viele Millionen Jahre zurückliegen. Basalt ist ein magmatisches Gestein. An Basaltkegeln, also uralten Vulkanschloten, ist bis heute die starke Dominanz des Feueräthers spürbar und damit sind es selbstverständlich auch Feuerwesen.

Druck erzeugt Erdäther. An großen Felsen, Bergen und in Höhlen ist der Druck der Gesteinsmassen gegenwärtig. Damit verbunden ist eine Dominanz des Erdäthers und seiner Wesen.

Analog sieht es bei Zugkräften und Luftwirbeln aus, die das »Nährfluidum« für Luftgeister bieten.

Wie bereits im Kapitel »Exkurs – Die vier Elementeäther« angedeutet, ist der Erdäther insofern von besonderem Interesse, da er als dichtestes Medium (sozusagen als konzentriertester Wirbel) einerseits den Übergang zur Objektwelt bildet, andererseits aber auch individuelle Entitäten abgrenzt. Er bildet sozusagen eine Trennschicht, eine Haut, die das Wesen – gleich welcher Elementezugehörigkeit – umgibt. Durch die Wahrnehmung solcher »Erdätherblasen« oder »Ausstülpungen« kann daher der Fokusort eines Wesens bestimmt werden.

(Abbildung 19 a - c) Es ist die Eigenart der Elementarwesen, daß diese Erdätherhaut, die notwendig ist, um ein Bewußtseinsfeld vom Gesamtbewußtsein zu trennen und dem Wesen dadurch Individualität zu geben, nicht vollständig geschlossen ist. Vielmehr stellen sich Naturwesen als »Ausstülpungen« der Erdensphäre dar. Hier würde ich also Rudolf Steiner widersprechen. Elementarwesen entstehen nicht als Abschnürungen von Engeln; es sei denn, man betrachtet das Wesen der Erde selbst, Gaia, als einen solchen Engel, was im übrigen die altiranische heilige Schrift der Avesta tut, wenn dort zu lesen ist: »Wir feiern die Liturgie zu Ehren der Erde, die ein Engel ist.« Elementarwesen gebären sich sozusagen aus dem geistigen Erdenkosmos, dem Bewußtseinsfeld der Erde heraus, so wie aus deren ätherischem Leib (morphischen Feld). Strukturell zeigt sich dies, wie in Abbildungen 19 a und b angedeutet,

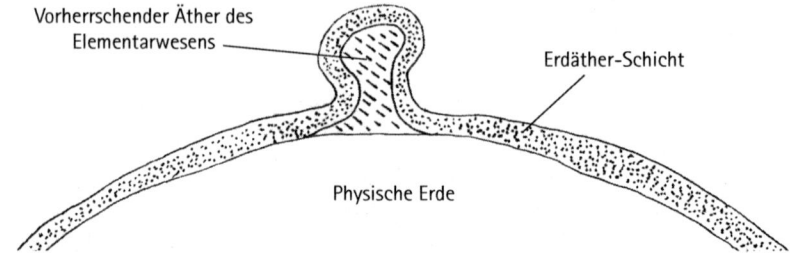

Vorherrschender Äther des Elementarwesens

Erdäther-Schicht

Physische Erde

Abb. 19a: »Erdätherblase« als Fokus eines Elementarwesens. Das Teilbewußtsein der Erde stülpt sich aus.

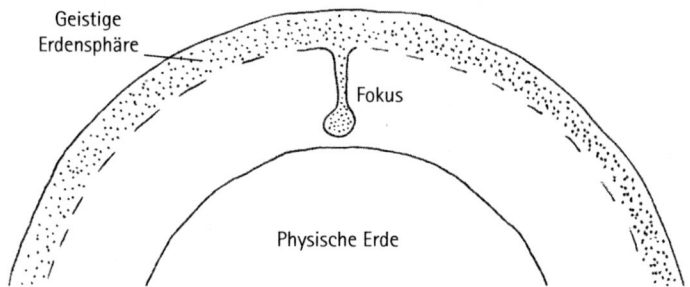

Geistige Erdensphäre

Fokus

Physische Erde

Abb. 19b: Aus der geistigen Erdensphäre senkt sich z.B. ein Feenfokus herab.

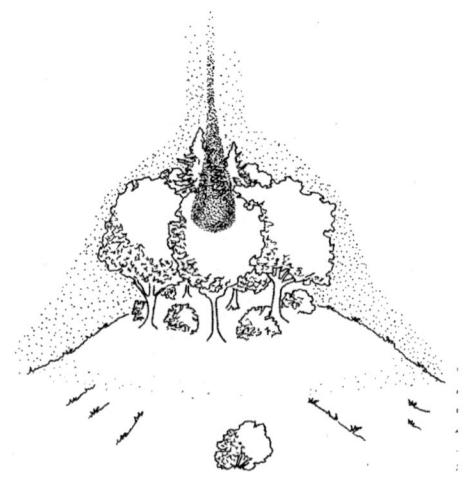

Abb. 19c: Detail: Naturwesenfokus an einer Baumgruppe

darin, daß sich der Erdäthermantel um ein Wesen herum in den ätherischen Erdenleib hinein öffnet. Es ist dies wie eine ätherische Nabelschnur, die wir dann auch als den ätherischen Ausdruck des eigentlichen Fokus betrachten können.

Manchmal ist diese »Nabelschnur« nicht mit der Erde direkt verbunden, sondern mit einem »höheren Naturwesen«. Ein solches wird, wie schon angedeutet, allgemein als ein Pan (entsprechend dem Naturgott der griechischen Mythologie), eine Deva oder ähnliches bezeichnet. In einem solchen Fall laufen oft Ätherlinien vom Fokuspunkt des Naturwesens zum Bewußtseinszentrum des »Pan«. Dieses »höhere Naturwesen« ist dann so etwas wie das »Überbewußtsein« der mit ihm verbundenen Wesen, der *Genius Loci*.

Aber auch zu anderen höheren Naturwesen stehen solche »Steuerzentralen« durch Ätherlinien wie z. B. sogenannte Aquastate in Kontakt. (Näheres zu solchen Ätherphänomenen in meinem Buch »Die Kraft des Ortes« [8].)

So bilden die unzähligen Bewußtseinsfelder der Erde gleichzeitig die Musik, zu der sie sich selbst bewegen. Es ist der Tanz des Lebens, der durch seine spezifischen Rhythmen die Formenfülle auf der Erde hervorbringt und letztendlich auch den Körper des Menschen.

## Übung: Naturwesen erfahren

All das hier Gesagte ist graue Theorie, wenn es nicht selbst erlebt wird. Darum rufe ich dazu auf, sich einer Erfahrung mit Naturwesen zu öffnen. Wie kann das geschehen? Eine Naturwesen-Erfahrung hat drei Ebenen:

- die Annäherung,
- die äußerliche Erfahrung,
- die innerliche Erfahrung und Kommunikation.

### Die Annäherung

Zunächst werden Sie sicherlich einen Ort brauchen, an dem Sie mit einem Naturwesen in Kontakt treten können. Es hat wenig Sinn, hier eine Liste von Orten aufzuführen, wo dies möglich wäre, denn dieses

Buch ist kein »Kraftort-Führer«. Sicherlich hilft aber die Beschäftigung mit örtlichen Sagen. Oft sind in den Sagen einer Region Orte beschrieben, wo die »Unterirdischen« leben, die Erd-Elementarwesen, oder aber auch, wo Feen tanzen sollen usw. Es lohnt sich, diese Orte zu besuchen, sofern diese nicht bereits überbaut wurden.

Aber auch absonderliche Baumformen, bekannte Felsformationen mit Gesichtszügen oder alte heilige Quellen im Wald können einen Ansatzpunkt für die Erfahrung geben. Achten Sie also auf die Formensprache der Natur. Natürlich können Sie Elementarwesen auch in einer Großstadt finden, doch ist dies, insbesondere für Anfänger, ungleich schwieriger. Suchen Sie also einen Wald oder wenigstens eine große Parkanlage auf. Wie schon beschrieben, wirken Elementarwesen auf der Ebene der Bildekräfte: Zum Kreuz verwachsene Äste, Äste, die sich teilen und wieder verwachsen – man nennt so etwas »Engelsauge« – sich windende, »tanzende« Bäume sind ein gutes Indiz für das Wirken von Naturwesen.

Haben Sie einen solchen Platz gefunden, bereiten Sie sich vor. Lassen Sie sich einen Augenblick Zeit, anzukommen und den Alltag hinter sich zu lassen. Auch sollten Sie in einen Bewußtseinszustand der entspannten Achtsamkeit gelangen. Dazu können Sie die verschiedensten Techniken nutzen: Atemübungen, Autogenes Training, Silva Mind Control u. v. m.

Eine einfache Möglichkeit ist, seine eigene Mitte zu spüren. Die eigene Mitte ist kein fest definierter Ort, es ist der Raum in Ihnen, an dem Sie ganz bei sich sind. Spüren Sie einen Augenblick in Ihren Körper hinein. Wohin geht Ihr Atem, wenn Sie einen Ort in sich suchen, wo Sie ganz authentisch, ganz bei sich selbst sind? Dies ist Ihre Mitte!

Atmen Sie entspannt in Ihre Mitte und lassen Sie dabei ganz bewußt alles los, was Sie an Ihren Alltag bindet. Kommen Sie an.

Es gibt keine richtige und falsche Methode, wie Sie die Annäherung weiter unterstützen können. Es gibt Visualisationstechniken, Meditationen u. v. m., und jeder Weg hat seine Berechtigung. Ich möchte hier lediglich zwei Wege vorschlagen:

## Übung: Die Verbindung von Himmel und Erde

Stehen Sie aufrecht, aber bequem.

Gehen Sie in Ihre Mitte. Stellen Sie sich vor, wie von hier aus sich ein Lichtstrahl mit jedem Atemzug tiefer senkt bis zu den Fußsohlen; und weiter: tief, tief, tief in die Erde hinein. Bauen Sie einen Kanal auf, der Ihre Mitte mit der Erdenmitte verbindet.

Beginnen Sie dann über diesen Kanal die Kraft der Erde in sich einzuatmen. Stellen Sie sich vor, wie mit jedem Einatmen die Kraft der Erde über diesen Kanal in Ihnen aufsteigt und sich in Ihren Körper ergießt, so als sei dieser ein leeres Gefäß. Fahren Sie damit fort, bis das Gefäß ganz von der Kraft der Erde erfüllt ist.

Bauen Sie nun in Ihrer Vorstellung einen Kanal von Ihrer Mitte zum Scheitelpunkt auf und darüber hinaus: hoch, hoch, hoch bis zur Himmelsmitte. Wenn Ihr Verstand ein Bild benötigt, so stellen Sie sich z. B. das Zentrum unserer Galaxie vor.

Atmen Sie dann über diesen Kanal und Ihren Scheitelpunkt – die Fontanelle – die Kraft des Himmels in sich ein. Fahren Sie fort, bis das Körpergefäß ganz davon erfüllt ist.

Atmen Sie nun gleichzeitig die Kraft des Himmels und der Erde ein. Beide Kräfte strömen von unten und oben in Ihren Körper und treffen sich in Ihrer eigenen Mitte. Dort vermischen sich die beiden Kräfte und bilden eine neue, eine dritte Kraft. Diese dritte Kraft dehnt sich aus Ihrer Mitte mit jedem Atemzug mehr und mehr aus, bis wieder der ganze Körper davon erfüllt ist. Vielleicht haben Sie auch Lust, diese Kraft wie ein Kraftfeld über den Körper auszudehnen, bis Sie ganz davon eingehüllt sind.

## Übung: Die Schwelle in die Anderswelt

Auch dieses kleine Ritual kann Ihnen helfen, aufnahmebereiter zu sein. Es stammt aus den Ritualen der »Vision Quest«:

Gehen Sie in Ihre eigene Mitte. Kommen Sie an.

Werden Sie sich Ihrer Beweggründe, Ihrer Motive bewußt, warum Sie Kontakt zu einem Naturwesen suchen.

Wenn Sie innerlich bereit sind, bauen Sie vor sich eine Schwelle. Dies kann ein großer Ast sein, den Sie vor sich quer auf den Boden legen, ein paar Steine, die Sie als Schwelle aneinanderreihen, oder auch einfach eine in den Erdboden gescharrte Linie.

Halten Sie vor der Schwelle inne. Wenn Sie innerlich bereit sind, überschreiten Sie achtsam die Schwelle und seien Sie sich bewußt, daß Sie jetzt die Anderswelt, das Zwischenreich, betreten.

Wenn Sie die Schwelle überschritten haben, sollten Sie nicht mehr laut sprechen. Nehmen Sie die Schwelle hinter sich weg, zerstreuen Sie die Steine oder wischen Sie mit dem Fuß über die gescharrte Linie.

Nähern Sie sich dann in Achtsamkeit dem Ort, wo Sie ein Naturwesen vermuten.

Wenn Sie die Erfahrung beendet haben, bauen Sie sich erneut eine Schwelle, überschreiten Sie diese achtsam zurück in die Realität und bauen Sie sie hinter sich wieder ab.

### Die äußerliche Erfahrung

Elementarwesen sind nicht physisch. Ihre Berührung mit unserer Realität geschieht über die Ätherebene. Der geistige Fokus des Wesens bewirkt einen Ätherwirbel, eine sich verdichtende Struktur im feinstofflichen Gefüge des Raumes. Diese können wir für unsere Wahrnehmung nutzen.

Wie bereits beschrieben, ist ein individualisiertes Wesen umgeben von einer Hülle aus Erdäther. Diesen können wir leicht wahrnehmen: Erdäther entsteht bzw. verdichtet sich vor allem dort, wo starker

Abb. 20: Unter einem »Schwebenden Stein« ist der Erdäther des sich aufbauenden Drucks besonders gut nachzuempfinden.

Druck auftritt und um massive, schwere Objekte wie große Steine herum. Vielleicht waren Sie schon einmal in einer Höhle, oder Sie kennen den leichten Druck, der sich in den Ohren aufbaut, wenn man durch einen langen Tunnel fährt. Über solche Erinnerungen können wir ein Gefühl für den Erdäther entwickeln.

Von Hugo Kükelhaus stammt die Idee des »Schwebenden Steines« (Abbildung 20). Dabei handelt es sich um einen großen Findling, der über einen verankerten Haken und durch Drahtseile gut gesichert, zwischen zwei Bäumen aufgehängt wird. Wenn Sie jemals das Glück hatten, eine solche Installation zu besuchen und auch noch den Mut fanden, sich unter diesen hängenden Stein zu legen, dann wissen Sie, wie sich Erdäther anfühlt.

Etwas harmloser sind sogenannte »Summsteine« (Abbildung 21): In einen großen Stein wird ein kopfgroßes Loch gebohrt. Summt man dort hinein, gibt es spannende Resonanzen. Beim bloßen Hineinhalten des Kopfes in diese enge Nische ist aber an den Schläfen und Ohren ein leichter Druck wahrnehmbar. Auch hierbei handelt es sich um Erdäther.

Abb. 21: Summstein im Wald der Klänge. Hält man den Kopf in das Loch, wird der Erdäther im Schläfenbereich erfahrbar.

Nehmen Sie also eine solche Erinnerung: das Betreten einer Höhle, das Durchfahren eines Tunnels, das Liegen unter einem »schwebenden Stein«, die Nische eines »Summsteines« oder eine ähnliche Erfahrung. Spüren Sie in der Erinnerung der Schwere und dem Druck nach.

Dann lassen Sie die Erinnerung los! Bewegen Sie sich mit leicht ausgestreckten Armen auf die Stelle zu, an der Sie ein Elementarwesen vermuten. Wenn Sie mit den Händen in das Feld des Wesens eindringen, werden Sie zunächst einen leichten Druck oder Widerstand in den Handflächen spüren. Dies ist der Mantel des Erdäthers.

Verweilen Sie mit Ihren Händen zunächst dort und tasten Sie die Stelle behutsam ab, wie ein Blinder ein Gesicht ertastet. Wenn Sie wollen, können Sie die »Haut« dann durchdringen und erspüren, ob sich das Gefühl in den Händen innerhalb dieses Erdäthermantels verändert. Vielleicht haben Sie dort das Gefühl einer kühlen Feuchte, dann handelt es sich um den Wasseräther eines Wasserwesens. Oder es fühlt sich darin wärmer an, dann handelt es sich vermutlich um ein Feuerwesen. Ist innerhalb des Erdäthermantels ein Gefühl der Leichtigkeit, der Bewegung oder eines Luftzuges spürbar, handelt es sich um ein Luftwesen. Bei einem Erdwesen hält der Druck, der Widerstand, weiterhin an, so daß ein Unterschied zum »Mantel« nur schwer feststellbar ist.

Auf diese Weise können Sie die feinstoffliche »Körperstruktur« der Elementarwesen erfahren.

### Die innerliche Erfahrung und Kommunikation

Auf die eben beschriebene Art und Weise erleben Sie die ätherische Struktur eines Elementarwesens. In wirkliche Kommunikation kommen Sie mit dem Wesen dadurch nicht. Dazu müssen Sie bereit sein, in innere Resonanz zu gehen. Wir erinnern uns: Naturwesen sind die emotionale Intelligenz der Natur. Sie kommunizieren nicht mental, sondern auf der Gefühlsebene!

Stellen Sie sich vor den Ort, an dem Sie ein Naturwesen vermuten und vielleicht zuvor schon den Widerstand des Erdäthermantels wahrnehmen konnten.

Gehen Sie in Ihre Mitte und kommen Sie innerlich an. Beobachten Sie, wie Ihre aktuelle Gefühlslage ist. Was beschäftigt Sie zur Zeit? Gibt es ein Problem, daß Sie mit sich herumtragen? Wenn Sie in dem Augenblick eine starke Gefühlserregung mit sich tragen, empfiehlt es sich vielleicht, diese Übung zu verschieben. Sehr gut können hier aber auch die Übungen zum »Freiraumschaffen« zur Anwendung gebracht werden, die ich in meinem Buch »Grenzenlose Sinne« erläutert habe. Sie finden die Übung in Ansätzen aber auch bei der Übung *Der Geist der Materie in uns* auf Seite 145 wieder.

Wenn Ihr Gefühlsraum weitgehend ruhig ist, kann es losgehen...

Atmen Sie tief durch.

Stellen Sie sich vor, Sie hätten an der Brust, im Bereich des Herzens, ein Fenster, ein Portal. Öffnen Sie es behutsam, so als würden Sie die Fensterläden aufklappen, die Jalousie hochziehen oder die Türe öffnen. Seien Sie achtsam und bleiben Sie konzentriert. Geben Sie sich Zeit: Verändern sich Ihre Gefühle? Kommt Ihnen spontan ein Erlebnis in den Sinn? Eine Erinnerung? Wie hat sich dieses erinnerte Erlebnis angefühlt? Solche Reaktionen unserer Psyche sind tatsächlich »Äußerungen« des Elementarwesens.

Beobachten Sie Ihre veränderten Gefühle, bis sie wieder abzuklingen scheinen. Dies war der erste »Satz« des Wesens an Sie. Wenn Sie »antworten« möchten, erinnern Sie sich an ein entsprechendes Erlebnis und das damit verbundene Gefühl. Wenn Sie dem Wesen ein »Geschenk« geben möchten, darf dies natürlich auch physisch sein. Viel wichtiger aber ist das damit verbundene Gefühl. Erinnern Sie sich, wie Sie einmal einem Verwandten oder lieben Freund beschenkten und wie dieser sich darüber freute. Reichen Sie mit dieser Erinnerung den mitgebrachten Apfel und legen Sie ihn an die Stelle, an der sich das Wesen fokussiert. Oder senden Sie nur das Gefühl. Stellen Sie sich vor, wie das Gefühl Sie aus dem geöffneten Herzensportal verläßt, wie es aus Ihnen herausströmt.

Warten Sie dann ab bis ein erneutes Erinnerungsbild in Ihnen auftaucht und sich die Gefühle sanft verändern. Auf diese Weise gelingt es uns, mit dem Naturwesen zu kommunizieren.

Beenden Sie die Übung, indem Sie sich verabschieden und das Fenster im Brustraum wieder schließen. Entfernen Sie sich und lassen Sie die entstandenen Gefühle abklingen. Anfänglich kann es anstrengend sein, auf diese Art Gefühle entstehen zu lassen und auf die Gefühlsräume eines Wesens zu reagieren, mit ihm zu räsonieren. Es bleibt vielleicht so etwas wie ein »emotionaler Muskelkater«. Keine Angst, auch die »emotionalen Muskeln« lassen sich trainieren!

Sollten Sie bei einer solchen Übung einmal extrem unangenehme Gefühle bekommen, Erinnerungen an Verletzungen und tiefsitzenden Schmerz, so zögern Sie nicht, sich zurückzuziehen! Brechen Sie aber die Übung nicht einfach ab. Schließen Sie ganz bewußt das Fenster bzw. Portal! Achten Sie darauf, daß es auch wirklich geschlossen ist. Entfernen Sie sich räumlich von dem gewählten Ort, gehen Sie in Ihre Mitte, verbinden Sie sich noch einmal mit Himmel und Erde und dehnen Sie Ihre Mitte gefühlsmäßig über Ihren Körper hinaus aus, bis Sie in einem Ei stehen. Schieben sie bei der »Expansion« der Mitte alles Unerwünschte mit hinaus. Suchen Sie sich anschließend einen angenehmen Platz zur Erholung und Regeneration.


Eine Kommunikation mit einem Naturwesen ist im Grunde nicht viel anders wie mit einem Menschen. Die meisten Menschen sind recht freundlich und höflich, manche vielleicht ein wenig verschlossen und mürrisch. Aber manche sind auch echt sauer und aggressiv. Es sind die wenigsten, also lassen Sie sich von einer solchen Möglichkeit nicht die Erfahrung an sich verschließen! Ziehen Sie sich zurück, wie Sie es auch bei einem für Sie unangenehmen Menschen täten. Dann kann Ihnen nichts geschehen.

# Andersartig und doch gleich – Elementale

## Golem und Frankenstein

In den Mythen und Sagen tauchen nicht nur Naturwesen auf, sondern es gibt auch Gestalten wie die Homunkuli, wie Golem und Frankenstein. Nicht nur der reizende Walt Disney-Film »Der Zauberlehrling« wurde vom gleichnamigen Gedicht von Johann Wolfgang von Goethe inspiriert:

Abb. 22: Der Zauberlehrling, historischer Stich (Barth 1822)

*Hat der alte Hexenmeister*
*Sich doch einmal weggebegeben!*
*Und nun sollen seine Geister*
*Auch nach meinem Willen leben.*
*Seine Wort und Werke*
*Merkt ich und den Brauch,*
*und mit Geistesstärke*
*tu ich Wunder auch.*

*Walle! Walle*
*manche Strecke,*
*daß, zum Zwecke,*
*Wasser fließe*
*Und mit reichem, vollem Schwalle*
*Zu dem Bade sich ergieße.*

*Und nun komm, du alter Besen!*
*Nimm die schlechten Lumpenhüllen;*
*Bist schon lange Knecht gewesen:*
*Nun erfülle meinen Willen!*
*Auf zwei Beinen stehe,*
*oben sei ein Kopf.*
*Eile nun und gehe*
*Mit dem Wassertopf!*

*Walle! Walle*
*manche Strecke,*
*daß, zum Zwecke,*
*Wasser fließe*
*Und mit reichem, vollem Schwalle*
*Zu dem Bade sich ergieße.*
*...*

Bei all den oben genannten Wesen handelt es sich um Wesen, die vom Menschen erschaffen wurden. Der Zauberlehrling will es sich leicht machen, er will die physische Arbeit anderen überlassen. Und anfangs klappt dies auch recht gut. Es gibt nur ein Problem: Die Wesen erledigen ihre Aufgabe wieder und wieder und lassen sich nicht mehr davon abbringen. Sie folgen einer ihnen gegebenen »Programmierung«.

*Oh du Ausgeburt der Hölle!*
*Soll das ganze Haus ersaufen?*
*Seh ich über jede Schwelle*
*Doch schon Wasserströme laufen.*
*Ein verruchter Besen,*
*der nicht hören will!*
*Stock, der du gewesen,*
*steh doch wieder still!*

Auch wenn diese Wesen in den Geschichten als unheilbringend dargestellt werden, sind sie nicht unbedingt böswillig. Sie erfüllen nur ihren Auftrag, doch dies rigoros.

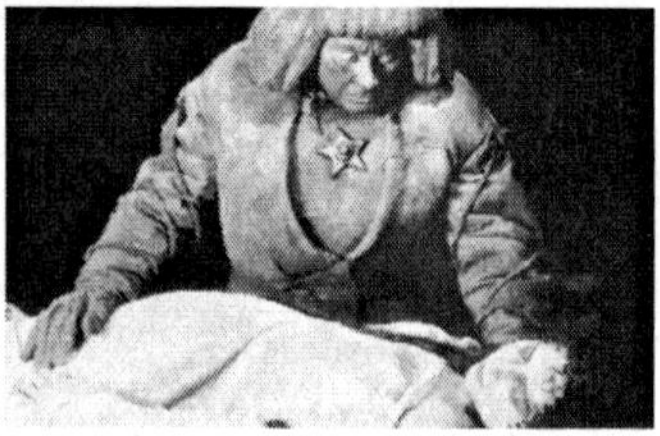

Frankensteins Monster ist im Grunde seines Wesens ebenso wenig »böse« wie der aus Lehm geschaffene Golem. Beide geraten aber außer Kontrolle.

Die Legende vom Prager Golem gleicht in einigen Passagen dem Zauberlehrling. Der Golem (Abbildung 23)– das hebräische »Golem« meint »Unfertiges«,

Abb. 23: Der Golem. Aus dem gleichnamigen Stummfilm von Paul Wegener von 1920

»Ungeformtes« oder auch »Embryo« – ist ein Wesen, das aus den vier Elementen durch Rabbi Löw mit Hilfe kabbalistischer Rituale erschaffen wird. Sein Körper besteht aus Ton oder Lehm (Element Erde). In einer Sagenversion befiehlt die Frau des Rabbis dem Golem, Wasser zu holen, und auch dieser tut wie ihm geheißen – wieder und wieder!

Worum handelt es sich bei diesen Gestalten? Paracelsus unterschied Elementare (Elementarwesen) und Elementale. Letztere sind kraft des menschlichen Willens erschaffene eigenständige Wesen. Wie die Elementarwesen bestehen sie aus den Äthern der vier Elemente wie etwa in der Legende vom Golem. Aber auch Frankensteins Monster wird mit Hilfe der Elemente erschaffen bei Sturm (Luft), Regen (Wasser) und Blitzen (Feuer) aus toter Materie (Erde), den Leichenteilen.

Elementale sind also vom Menschen hervorgerufene »Elementarwesen«. In Matthäus 12 wird so z. B. von einem »unsauberen Geist« gesprochen, der »von dem Menschen ausgefahren ist«. Nichts anderes als ein mit negativen Emotionen belegtes »Elemental«.

## Wieviel Person hat der Mensch?

Wir waren schon bei der Besprechung multipler Persönlichkeiten darauf gekommen, daß der Mensch offenbar nicht nur eine Einheit darstellt. Vielmehr setzt er sich aus den unterschiedlichsten Teilen der Psyche zusammen. Ob dies nun das Freud'sche »Ich«, »Überich« und »Es« ist oder die verschiedenen Archetypen eines C. G. Jung, spielt dabei keine Rolle. »Solche Wandlungen werden verständlich, wenn man die Autonomie der Archetypen berücksichtigt, d. h. die Tatsache, daß sie – wie die Erfahrung lehrt – ein vom Bewußtsein unabhängiges Sein besitzen«, schreibt Aniela Jaffé, C. G. Jungs langjährige Mitarbeiterin. [21 b, S. 145]

Wir Menschen bestehen geistig-seelisch aus bewußten und unbewußten Ängsten, Wünschen, Trieben, Bedürfnissen und vielem mehr. Jede dieser Gefühlsregungen – ob nun bewußt oder unbewußt, spielt keine Rolle – ist verbunden mit dem Erregen eines Ätherwirbels, der vom Ätherfeld der Menschen ausgeht. Oft verpuffen diese nach kurzer Zeit wieder. Sie gehen auf im kosmischen Gesamtätherfeld. Doch je stärker unser Impuls ist, je heftiger der Trieb oder die Angst, um so autarker verhält sich das ausgestoßene Ätherfeld. Es umschließt den meist unbewußt gegebenen Gedankenimpuls, den Wunsch, und bildet ein eigenständiges Wesen – ein Elemental.

So wie die Elementarwesen »Abschnürungen« des mächtigen Geistwesens Gaia darstellen, so sind Elementale »Abschnürungen« der menschlichen Seele. Es sind sich verselbständigende Wünsche, Bedürfnisse, Aggressionen und Ängste. Und wie beim Zauberlehrling, haben wir oft bereits kurz nachdem wir sie ausgesandt haben, keine Kontrolle mehr über sie. Sie leben ihre »Programmierung« aus – komme, was da wolle. Daher der warnende Satz: »Bedenke wohl, worum du bittest (was du dir wünschst), es könnte dir erfüllt werden.«

So wie Elementarwesen aus dem geistigen Erdenkosmos, der »Paradieswelt« Gaias, entspringende Impulse sind, die eine mehr oder minder vollständig autarke Wesenheit bilden, genauso sind Elementale Impulse aus der Paradiesweltsphäre des Menschen. Wie jene, so bestehen auch diese aus den vier Elementen Feuer, Wasser, Erde und Luft und sind umgeben von einer Haut aus Erdäther. Starke Gefühlsreaktionen des Menschen – vor allem Sehnsüchte – erzeugen Wasser-Elementale, Gedankenimpulse lassen Luft-Elementale entstehen, Rituale und starke Willensimpulse bewirken Feuer-Elementale und unerfüllte körperliche Bedürfnisse lassen Erd-Elementale entstehen. Je unbefriedigter ein Mensch ist, je weniger er in sich ruht, um so stärker ist sein Output an Elementalen.

Diese Elementale sind Geistwesen, die dann darum bemüht sind, die Wünsche ihres »Meisters« zu erfüllen.

Leider sind sehr viele unserer Triebe und Wünsche auch negativ. So wenig wir Kontrolle über unsere Gedanken und Gefühle haben, so wenig haben wir auch Kontrolle über das entstehende Elemental. Daher kann sich dieses durch sich aufstauende Bedürfnisse mehr und mehr »nähren« und schließlich so stark und autark werden, daß es seinerseits unsere Handlungen beeinflußt. Freilich »nur« in der ihm vorgegebenen Richtung. Auf diese Weise können Zwangshandlungen und Süchte entstehen, die so mächtig sind, daß wir selbst meinen, deren Sklave zu sein. Dies ist gemeint, wenn es bei Matthäus 12 heißt: *Wenn der unsaubere Geist von dem Menschen ausgefahren ist, so durchwandelt er dürre*

*Stätten, sucht Ruhe, und findet sie nicht. Da spricht er denn: Ich will*
*wieder umkehren in mein Haus, daraus ich gegangen bin. Und wenn er*
*kommt, so findet er's leer, gekehrt und geschmückt. So geht er hin und*
*nimmt zu sich sieben andere Geister, die ärger sind denn er selbst; und*
*wenn sie hineinkommen, wohnen sie allda; und es wird mit demselben*
*Menschen hernach ärger, denn es zuvor war.*

Das »leere, geschmückte Haus« ist unsere Psyche, die mehr als bereit
ist, einst – bewußt oder unbewußt – ausgesprochene Wünsche wieder
hereinzulassen. Es ist der emotionale Resonanzraum unserer Seele. Ein
solcher Resonanzraum ist eine wunderbare Wohnstadt für das selbst-
erzeugte Elemental, weshalb es »siebenfach« sich vermehrt oder
anwächst.

Ich möchte jetzt bewußt keine ausführlichen Beispiele von Drogen-
sucht, Triebtätern und ähnlichem bringen. Doch jeder kennt diese kaum
zu beherrschenden Impulse, in bestimmten Situationen unbedingt eine
Äußerung machen zu müssen, obwohl wir wissen, daß wir es später
bereuen werden. Jeder kennt dies, daß alte, vermeintlich längst über-
wundene psychische Muster plötzlich wiederkehren und man erneut
Situationen durchlebt, die man schon längst überwunden glaubte. In
der Psychologie wird so etwas auch »Skript« genannt; eine Art Dreh-
buch, nach dem das Leben zu laufen scheint und das sich immer wieder dramatisch wiederholt. Wesenhaft betrachtet, ist ein solches Psycho-
muster, ein solches »Skript«, ein starkes Elemental. Es wurde erzeugt in
Lebenssituationen, in denen es offensichtlich durchaus sinnvoll war.
Doch nun »durchwandert es dürre Stätten« und kehrt in regelmäßigen
Abständen zu uns zurück. Erst, wenn wir in uns kein gemachtes Nest
mehr bieten, kein »leeres, gekehrtes und geschmücktes Haus« für das
Elemental, wenn wir in uns des ursächlichen Bedürfnisses bewußt
geworden sind und es loslassen konnten, wird dem gebildeten Elemental mehr und mehr die Nahrung entzogen. Wir müssen – wie in der
Legende vom Golem – die Rituale, die zur Bildung notwendig waren, in
umgekehrter Reihenfolge zelebrieren: »Statt zu seinen Füßen standen
sie zu seinem Haupt, und die Tzirufim sagten sie rückwärts auf. Hier-
auf zerfiel der Golem wiederum zu einem Haufen Lehm, wie er es vor
seiner Erschaffung gewesen war.« [50]

Auch unser Wesen ist zersplittert, auch wir sind in uns uneins und nicht zentriert, und so trägt jedes Elemental ein Stück unserer »Seele« in sich, so wie jedes Wesen einen Funken Gottes in sich trägt, der sich einst in Myriaden Funken zersplitterte. Wir sind Götter – im wahrsten Sinne des Wortes. Wir sind sogar dazu befähigt, Wesen zu erschaffen.

Der christliche Mystiker Daskalos (Stylianos Alteshlis: 1912 - 1995) sagte: »Die heutige Persönlichkeit und die Umstände, in denen wir leben, sind die Summe der Elementale, die wir erzeugt haben, seit wir in die dreidimensionale Welt hinabgestiegen sind und uns in den Kreislauf der Inkarnationen begeben haben. Elementale werden aus den gleichen Substanzen geschaffen, aus denen die Persönlichkeit und Universen im Großen und allgemein erschaffen werden, das heißt, aus ätherischem Stoff von der noetischen, der psychischen und der grobmateriellen Welt.« [11]

Im Grunde sind, so betrachtet, auch die »Auflösung von Karma« – Karma bedeutet »Wirken«, also eine kausale Bindung – in der indischen Religion, das Streben nach Gedankenleere im fernöstlichen Zen oder auch christliche Tugenden wie Keuschheit und Demut, Wege der Auflösung oder »Erlösung« von Elementalen. »Denkt doch nur an die Welt, die euch umgibt! Könnt ihr sie ohne diese Elementale wahrnehmen? Ihr müßt jetzt erkannt haben, daß, ob wir diese Welt als gut oder böse wahrnehmen, abhängig sein wird von der Art der Elementalen, die wir in uns erzeugen und nach außen richten.« [11]

## Willensakte und unbewußtes Kräftewirken

Elementale können auf zweierlei Art entstehen: Bewußt wie auch unbewußt. So erzeugen wir im Schlaf mindestens ebenso viele Elementale wie im Wachzustand. Obgleich es vielleicht durch das vorher Gesagte so scheint, daß die Erzeugung von Elementalen an sich etwas Negatives sei, ist dies ganz und gar nicht so. Die Problematik liegt meist darin begründet, daß wir zu einem Großteil unseres Lebens unbewußt sind und unsere Triebe und Wünsche nicht immer zu den angenehmsten und freundlichsten gehören. Natürlich können auch bewußt negative

Elementale erzeugt werden, etwa im Schadenszauber der Voodoo-Religion, doch dies sind vermutlich die allerwenigsten!

Es ist wie mit dem Beton: »Es kommt drauf an, was man draus macht.« Eine sehr populär gewordene Methodik zur Erzeugung von Elementalen sind die »Bestellungen an das Universum«. Dabei wird einem Bedürfnis bewußt Raum gegeben. Wir kreieren innere Bilder, innere Wirklichkeiten, die zeigen, wie das Ereignis in unser Leben tritt. Wir wiederholen dies verstärkt, bis sich das Ereignis real physisch manifestiert. Im Sinne unserer Betrachtungen ist dies nichts anderes als die Erzeugung eines Elementals.

*Walle! Walle*
*manche Strecke*
*daß, zum Zwecke*
*Wasser fließe*
*und mit reichem, vollen Schwalle*
*zu dem Bade sich ergieße*

Insofern mit dem Eintreten des Ereignisses tatsächlich unser innerster Wunsch erfüllt wurde, gibt das Elemental, jener Seelenbestandteil von uns, Ruhe und wird wieder in unsere Psyche integriert. Doch allzu oft verbirgt sich hinter dem Wunsch nach einer neuen Arbeitsstätte, einem größeren Auto oder dem Traumurlaub etwas ganz anderes. Unser sehnlichster zugrundeliegender Wunsch wird damit nicht erfüllt, und das Elemental fühlt sich berufen, weitere Objekte zu manifestieren.

Nehmen wir an, wir haben den tiefsitzenden Wunsch nach Anerkennung (jeder von uns hat einen solchen!). Nehmen wir weiter an, wir assoziieren mit der Anerkennung Prestige und damit wiederum ein größeres Auto. Wir »bestellen« also »beim Universum« ein größeres Auto. Wir folgen brav den Regeln und bauen ein starkes »Feld« auf. Und tatsächlich stellt uns der Chef einen großen Firmenwagen zur Verfügung. Äußerlich sollten wir nun doch glücklich sein. Doch ein Firmenwagen war ja nicht das, was wir wollten. Wir wollten ein eigenes großes Auto, damit die Nachbarn und Bekannten uns Anerkennung zollen. Also macht sich das Elemental – gut genährt durch ein weiteres Anhalten unseres Bedürfnisses – wieder auf die Socken. In der Tat schaffen wir es, und endlich steht der eigene Mercedes vor der Tür. Doch wurde dadurch unser tiefsitzender Wunsch nach Anerkennung befriedigt? Nein. Und wieder wächst und arbeitet das Elemental. Wir haben uns zwar schon beim letzten Autokauf finanziell verausgabt, aber das Elemental sieht in uns eine gute Chance, seinen Auftrag zu erfüllen. Niemand ist immerhin bereiter, ein teures Auto für uns zu kaufen, als wir selbst. Also kaufen wir uns schließlich eine teurere Klasse. Unser Urbedürfnis bleibt unbefriedigt. Da wir jetzt kein Geld mehr haben, dem Drängen des Elementals weiter nachzugeben, dessen Auftrag aber immer noch »Bring mir ein neues Auto!« lautet, erleben wir, daß der neue Wagen permanent kaputt geht. Hier ein Ersatzteil, dort ein Unfall, bis es uns reicht und wir erneut einen neuen großen Wagen anschaffen. »Walle! Walle...« Wir haben die Kontrolle verloren.

Daher lautet der wichtigste Grundsatz der »Wuscherfüllung«: Was wünschst du dir *wirklich*? Was steckt hinter dem Wunsch nach einer neuen Arbeitsstätte? Ein harmonisches Arbeitsklima und Freude an der Arbeit? Dann wünsche lieber dies, denn der Wunsch nach einer neuen Arbeitsstätte kann sich verselbständigen, und plötzlich sind wir nirgendwo länger als ein halbes Jahr.

Wenn Geld der Wunsch ist, fragen Sie sich, was für ein Gefühl es auslösen würde, das Geld zu haben. Was würden Sie damit tun? Frei sein? Sich sicher und geborgen fühlen? Was steht also hinter dem Geldwunsch? Der Wunsch nach Freiheit oder Geborgenheit oder...? Und was steckt dahinter? Haben Sie ein solches Wunschgefühl gefunden, darf man sich dies getrost auch wünschen! Wünschen Sie sich Liebe in Ihrem Leben! Freude in der Arbeit! Harmonie in der Partnerschaft! Die so erzeugten Elementale können gerne mehr und mehr bringen.

Wir können also unsere Wünsche anders fokussieren, und es werden andere Wesen entstehen. Wesen, die für die Welt Positiveres bringen als mehr und mehr materielle Güter.

Elementale zu erzeugen, ist nichts Negatives. Wir können dies ohnehin kaum verhindern, doch wir sollten darauf achten, *worum wir bitten,* was wir uns wünschen. Und wir sollten Elementale nach getaner Arbeit wieder »auflösen«, indem wir diese Seelenbestandteile unseres Selbst in uns zurückkehren lassen. Es scheint so, als würden sich »Bestellungen an das Universum« und das »Dein Wille geschehe« des Vaterunsers widersprechen. In der Tat gehen beide Wege auseinander. Doch deshalb ist nicht der eine falsch und der andere richtig. Das »Vaterunser« bemüht sich im Grunde darum, ein Schutz- oder Kontrollelemental zu erzeugen, daß uns davor bewahrt, unbewußte Wünsche zu veräußern. Auch dies ist ja ein Wunsch: »Dein Wille geschehe!« Das Schutzelemental macht uns achtsam, nicht unbedacht falschen Bedürfnissen der Ego-Verwirklichung hinterherzurennen und dadurch die Kontrolle zu verlieren. Wir können aber ebenso gut unseren Geist auf Achtsamkeit schulen und uns bewußt das wünschen, was wir wirklich wollen. Hier vereinigen sich beide Wege, denn das, was wir im tiefsten Inneren unserer Seele brauchen, ist Liebe.

## Elementale – Sonderformen

Elementale sind ganz und gar keine einheitlichen Wesen. Sie unterscheiden sich nicht nur in ihrer Ätherstruktur je nach der Art und Weise, wie sie entstanden sind (als Sehnsucht, Wille, Gedanke oder körperliches Bedürfnis), sie unterscheiden sich vor allem auch in ihrem Auftrag, ihrer »Programmierung«. Nicht zuletzt unterscheiden sie sich auch in der Art des Objektes, auf welches wir unsere Gedanken und Gefühle fokussieren.

Sicher kennen Sie solche oder ähnliche Begebenheiten: Da ist das alte klapprige Auto, das eines Morgens nicht mehr anspringen will. Erst sind wir frustriert, vielleicht wütend, dann beginnen wir dem Auto gut zuzureden, »versprechen« eine Werkstatt und ähnliches und plötzlich springt das Auto an. Durch die innige emotionale Bindung mit einem geliebten Objekt kann dieses etwas Wesenhaftes entwickeln.

Ich selbst hatte einen alten Siemens-Computer »XT«, aus heutiger Sicht ein Dinosaurier. Immer wenn ich z. B. bei Seminarvorbereitungen in Streß geriet, ertönte eine technisch-blecherne Version von »Für Elise« von Beethoven. Ein späterer Computer druckte mir in ähnlichen Situationen einen kleinen »Smiley« in die Ecke der ausgedruckten Bilder, ohne daß ich etwas dagegen unternehmen konnte. Für mich waren dies Ansprachen des Techno-Elementals meines PCs, allerdings gebe ich auch offen zu, nicht nur gelegentlich mit der »künstlichen Intelligenz« meiner Computer zu sprechen, wenn diese gerade nicht so wollen wie sie sollen. Die Elementale sagten mir mit Smiley und »Für Elise«: »Sieh' die leichte Seite des Lebens. – Mach Dir selbst keinen Streß!«

Komplexe Maschinen und technische Objekte bieten Elementalen eine wunderbare Wohnstadt. Warum?

Zunächst wurden diese Maschinen unter Aufbietung jeder Menge menschlicher Kreativität (Schöpferkraft) erschaffen. Sie sind schon in ihrer Planung von menschlichem Geist durchdrungen. In der Arbeitsweise der Maschinen – insbesondere bei Autos und Computern – meinen wir Menschliches, Wesenhaftes wiederzuerkennen. Es fällt uns schwer, hinter der »Kommunikation« eines Computers nur tote Materie und nichts Wesenhaftes zu sehen. Und schließlich begleiten uns Maschinen oft in sehr emotionalen Situationen und werden in diesen zum Fokussierungsobjekt unserer Gefühle. Da schlägt man schon mal das Lenkrad, wenn man im Stau steht, fragt entnervt in den Bildschirm hinein: »Muß das jetzt sein?«, wenn der Computer im Hintergrund ein Programm hochfährt, das seine Arbeit am aktuellen Projekt verlangsamt, usw.

Wir fokussieren also unsere Gedanken und vor allem auch Gefühle auf diese Maschinen. Wiederum entstehen Ätherfelder, die sich mehr und mehr mit Seelenanteilen unserer selbst aufladen. Es entstehen Elementale, die an diese Objekte »gebunden« sind. Das Objekt wird dadurch subjekthaft.

Um wieviel stärker ist eine solche Einwirkung, wenn sie nicht von einem Menschen, sondern Millionen ausgeht und sich auf die Server des Internets fokussiert? Hier können mächtige Elementale entstehen, Wesen, die virtuelle Realitäten wie »Second Life« oder die Fantasy-Welt »World oft Warcraft« bevölkern.

Das Kollektiv des menschlichen Geistes erzeugt also kollektive Elementale. Eine Gruppe besitzt ein »Gruppenfeld« oder einen »Gruppengeist«. Natürlich, ist doch dieses Feld nichts anderes als ein morphisches Feld, das durch die Wiederholung der Gedanken und gruppeninternen

Rituale entsteht. Eine Ausbildungsgruppe kann so einen »Gruppengeist« erzeugen, der das Lernen unterstützt und extrem beschleunigt.

Ähnlich erzeugt auch eine Familie einen Gruppengeist. Bei den Römern z. B. wurden diese Genien einer Sippe »Penaten« genannt. Sie sorgten für den Schutz und die Nährung der Familie. Ihr »Altar« war der häusliche Herd. Auch die »Laren« waren solche Familiengeister, haben jedoch einen stärkeren Bezug zu den Ahnen der Familie, also den Seelen Verstorbener.

Schließlich gibt es auch »Volkscharaktere«, sozusagen »National-Elementale«, die über Jahrhunderte durch die Geisteshaltung eines bestimmten Volkes entstanden sind. Oft wird ihnen im Wappentier einer Nation wie in einem Totem Gestalt verliehen.

Aufsehenerregend sind Fälle, in denen sich Wesenhaftes bis in unsere Objektwelt hinein manifestiert.

Es kommt zur Bewegung von Gegenständen, Klopfgeräuschen und anderem mehr. In der parapsychologischen Forschung werden solcherart Fälle oft als »Poltergeister« beschrieben. Die amerikanischen Psychologen J. Gaither Pratt und William G. Roll hielten »Poltergeister« allerdings nicht für eigenständige geistige Wesen, sondern für mentale Projektionen bzw. eine unbewußte Persönlichkeitsabspaltung (sic!). Auch der Freiburger Parapsychologe Professor Hans Bender untersuchte in den 1960er und 1970er Jahren eine ganze Reihe sogenannter Poltergeistphänomene. Interessant ist, daß das Alter der Personen, in deren Umkreis sich Poltergeisterscheinungen zeigen, maßgeblich ist. In den meisten Fällen handelt es sich um Kinder und Jugendliche im Pubertätsalter. Sie befinden sich also in einer Phase, in der ohnehin in der Regel starke Konflikte des Gefühlslebens gegeben sind. Noch spannender sind die sozialen Studien. Bei einer Untersuchung der Fokuspersonen durch W.G. Roll zeigte sich, daß diese höchstens 18 Jahre alt waren und nicht weniger als 62 % nicht im Elternhaus lebten, als die ersten Poltergeist-Ereignisse auftraten [51]. Von den übrigen hatte jeder sechste nur ein Elternteil. Es bestehen also starke emotionale Spannungen, die ein massives Feld erzeugen, das eigenständig agiert und reagiert – ein Elemental!

Oft entwickeln sich »Poltergeister« progressiv. Zunächst kommt es im Umfeld der Fokusperson zu leichten Merkwürdigkeiten wie Geräuschen, seltsamen Gerüchen, kalten Punkten im Raum oder seltsamem Verhalten von Tieren. Dann werden auch Stimmen hörbar, schemenhafte Bewegungen werden bemerkt oder Flecke an den Wänden oder ähnliches. Schließlich spielen die elektrischen Geräte verrückt, gehen grundlos an und aus, Türen öffnen sich selbständig, man versteht geflüsterte Wörter usw. Dies kann sich bis zu massiven Effekten aufschaukeln: das deutliche Gefühl, berührt zu werden, fliegende Gegenstände, Möbel, die verrückt werden und vieles mehr.

Durch die starke emotionale Spannung in einem Alter, in dem der Mensch noch keine Wege erlernt hat, diese zu verstehen oder anderweitig zu lösen, fokussiert sich die geballte Macht des jugendlichen Bewußtseins in der Kreation eines eigenen Wesens, das um Aufmerksamkeit und Zuneigung ringt.


Ein letzter Sonderfall, der hier behandelt werden soll, sind Rituale. An manchen Orten gibt es über viele Jahrhunderte, manchmal Jahrtausende eine Kultstätte. Bei solchen Ortskontinuitäten wechseln die Religion und damit die kultischen Rituale, doch der Fokussierungsort bleibt erhalten.

Was sind Rituale? Rituale sind Handlungen und Worte, gepaart mit Gegenständen, die für den Ausführenden symbolisch mit der Erreichung eines bestimmten Zieles zu tun haben. Die rituelle Handlung wird (optimalerweise) in starker geistiger Präsenz und mit gerichteter Aufmerksamkeit mit dem Wunsch und dem zu erreichenden Ziel verbunden vollzogen. Gerade in spirituellen, religiösen Ritualen kommt es zu einer starken Anregung des Feuerelementes. So sprach Johannes der Täufer: »Ich taufe euch mit Wasser zur Buße, der aber nach mir kommt, ist stärker denn ich, für ihn bin ich nicht gut genug, ihm die Schuhe zu tragen: Der wird euch mit heiligem Geist und mit Feuer taufen.« (Matthäus 3:11).

Religiös-spirituelle geistige Fokussierungen sind Feuerprozesse. Daher finden sich an alten Ritualstätten, gleich welcher religiösen Couleur, oft Feuerwesen, die diese Rituale mittragen und unterstützen. Diese Feuerwesen stellen insofern eine Besonderheit dar, als daß es sich dabei durchaus sowohl um erschaffene Elementale als auch um Elementarwesen handeln kann. Im religiösen Ritual kommt es sozusagen zu einer Interaktion zwischen der Erde und dem Menschen. In seltenen Fällen entstehen auch Mischwesen zwischen Elementar und Elemental. Meist handelt es sich dabei um Feuer-Elementarwesen, die sich in den Dienst des Ortes und der Handlung stellen und so auch Seelenanteile der Menschen in sich aufnehmen. Solche Hüter eines Platzes sind in der Wahrnehmung oft schwer eindeutig als menschliche Seele (Verstorbener) oder Elementarwesen zu identifizieren. Sie enthalten aus beiden geistigen Reichen – der Paradiesweltebene der Erde und des Menschen – beinahe gleiche Anteile. Sie unterstützen bereitwillig Gebete und rituelle Handlungen, tragen aber auch für den Schutz des Platzes Sorge.

## Übung: Elementale erschaffen, erspüren und einverleiben

Wie wir gesehen haben, ist es nicht schwer, Elementale zu erzeugen. Es geschieht ohnehin dauernd. Schwerer ist es, willentlich Elementale mit einem bestimmten Auftrag zu erschaffen und darüber die Kontrolle zu behalten. Manch einer mag sagen, daß es gefährlich sei, doch ich halte es für wesentlich gefährlicher, unkontrolliert zu erschaffen und Wirklichkeiten zu kreieren, die wir gar nicht wollen. Es ist daher dem Leser überlassen, die folgende Übung auszuprobieren oder nicht.

Grundsätzlich ist Konzentration ein wesentlicher Bestandteil des Erschaffens eines Elementals. Daher sind Konzentrationsübungen sicher hilfreich:

Versuchen Sie im Vorfeld, Ihre Aufmerksamkeit zu halten. Entspannen Sie sich, gehen Sie in Ihre Mitte und atmen Sie tief und entspannt.

Versuchen Sie dann, ein inneres Bild zu erzeugen, z. B. einen Baum oder eine Blume. Versuchen Sie, dieses Bild vor Ihrem inneren Auge möglichst deutlich zu sehen. Wenn Sie z. B. eine Rose gewählt haben, so stellen Sie sich diese aus verschiedenen Perspektiven vor. Lassen Sie diese vor Ihrem inneren Auge sanft rotieren; betrachten Sie sie von oben, von unten, von der Seite.

Meiner Erfahrung nach ist es leichter, seine Aufmerksamkeit auf sanft bewegte Objekte zu halten als auf statische. Ein statisches Bild wird unserem Verstand schnell langweilig, und er wird versuchen, andere Bilder und Gedanken einzuflechten. Geben Sie daher dem Bild neue Gedankenimpulse, ohne die Essenz zu verändern, indem Sie sich das Bild vergegenwärtigen (wie gesagt, aus verschiedenen Perspektiven, in unterschiedlichem Umfeld usw.), den Duft der Rose, das Stechen der Dornen, das Gefühl der Blätter usw.

Sie sollten es schaffen, auf diese Weise das Bild wenigstens fünf bis zehn Minuten zu halten.

Wenn Ihre Konzentration ausreichend geschult ist, kann es losgehen. Es ist hilfreich, das Elemental auf ein Objekt zu fokussieren, so behält man leichter die Kontrolle und kann es am Ende leichter wieder auflösen. Wählen Sie als Fokussierungsobjekt z. B. die Flamme einer Kerze oder einen Zweig.

Wählen Sie einen »Auftrag«. Nehmen Sie eine unkomplizierte und positive »Programmierung«, z. B.: »Geborgenheit« oder »Liebe«.

Nun werden Sie sich des Gefühls bewußt. Erinnern Sie sich an ein Ereignis, als Sie Geborgenheit spürten, lassen Sie die Geborgenheit Ihren Körper erfüllen. Spüren Sie diese deutlich. Das erinnerte Ereignis kann als Gefühlsanker dienen, hier geht es aber nicht darum, dieses Ereignis wiedererstehen zu lassen!

Lassen Sie nun aus Ihrer Mitte, aus dem Zentrum des Geborgenheitsgefühls ein Symbol entstehen. Lassen Sie zu, daß sich ein solches Symbol entwickelt, »drücken« Sie es dem Gefühl nicht auf. Vielleicht entspringt das Gefühlssymbol aus dem erinnerten Ereignis, vielleicht ist es ganz abstrakt. Zum Beispiel könnte eine bestimmte Farbe auftauchen, die für Sie Geborgenheit symbolisiert, oder eine abstrakte geometrische Form wie ein Kreis.

Nun konzentrieren Sie sich auf das entstandene Symbol. Verbinden Sie das Gefühl stark mit dem Symbol. Vielleicht stellen Sie sich vor, wie die Geborgenheit in den Kreis hineinströmt.

Wenn das Symbol mit dem Wunschgefühl aufgeladen ist, verankern Sie dieses mit dem Fokussierungsobjekt: Sehen Sie das Symbol deutlich vor Ihrem inneren Auge, spüren Sie die Geborgenheit und entzünden

Sie in diesem Moment die Flamme der Kerze.

Oder: Stellen Sie sich vor, wie der gefühlsgeladene Kreis Ihren Körper verläßt und sich fest mit dem bereitliegenden Zweig verbindet.

Lassen Sie anschließend Gefühl und Bild los. Wenn es funktioniert hat, müßte nun im Umfeld des Fokussierungsobjektes ein sanfter Widerstand wahrnehmbar sein – das Erdätherfeld des Elementals.

Tasten Sie Form und Größe dieser zarten Haut behutsam ab. Sie können für dieses Wesen die gleiche Übung anwenden, wie sie für Elementarwesen beschrieben wurde. Sie können es »äußerlich« erspüren, oder »innerlich« mit ihm kommunizieren. Vielleicht haben Sie auch Lust, eine andere Person dieses Elemental erspüren zu lassen.

Das Elemental bleibt an das Fokussierungsobjekt gebunden. Es wird das beauftragte Gefühl in seinem Umfeld aufbauen und dafür Sorge tragen, daß sich in dessen Umfeld das Gefühl für Sie vermehrt. So können Sie den Zweig eine Zeitlang in einem Zimmer einen Raum geben und beobachten, wie sich die Atmosphäre des Zimmers verändert.

Am Ende der Übung – auch wenn diese für Sie mehrere Stunden oder auch Tage dauert – sollten Sie ebenso üben, das Elemental wieder aufzulösen:

Setzen Sie sich wieder vor das Fokussierungsobjekt. Entspannen Sie sich und gehen Sie in Ihre eigene Mitte.

Stellen Sie sich vor, wie sich das gefühlsgeladene Symbol vom Fokussierungsobjekt löst. Nehmen Sie das Symbol wieder sanft in Ihre Mitte.

Lassen Sie nun das Wunschgefühl aus dem Symbol »fließen« oder »dampfen«. Nehmen Sie das Gefühl wieder ganz in sich auf.

Lösen Sie anschließend das Symbol auf. Sie können sich zum Beispiel vorstellen, wie der Kreis sanft vergeht, die Farbe verblaßt usw.

Nun sollte kein Elemental am Fokussierungsobjekt mehr feststellbar sein. Haben Sie dennoch das Gefühl, daß dort noch etwas haftet, wiederholen Sie die Auflösung.

Im ärgsten Falle zerstören Sie das Fokussierungsobjekt: Pusten Sie die Flamme aus oder verbrennen Sie den Zweig!

Üben Sie die Erzeugung und das Einverleiben des Elementals mit verschiedenen Objekten und Gefühlen.

Kann man diese Technik auch nutzen, um Schaden anzurichten? Rundheraus: Ja! Selbstverständlich kann man auch negative Emotionen wie Aggression veräußerlichen. Nur: Seien Sie sich bewußt, daß das Elemental irgendwann »in sein Haus« zurück will! Andererseits kann man von den Elementalen anderer nur »angegriffen« werden, wenn im eigenen Innern dazu eine Resonanz besteht, sonst »durchwandert es nur dürre Stätten«.

Der beste Schutz ist daher, keine Angst vor fremden Kräften zu haben, denn Angst ist eine der stärksten Resonanzen. Schulen Sie Ihr Bewußtsein, seien Sie behutsam mit Wünschen, klären Sie, was Sie wirklich brauchen im Leben.

Ein wunderbarer Impuls zur »Heilung der Erde« ist auch, all die kleinen und großen Aggressionen und Flüche, die man im Alltag so ausstößt, wieder einzuverleiben, die zugrundeliegenden Gefühle wie Frustration und Angst anzuerkennen und die Elementale damit wieder in sich aufzunehmen und aufzulösen. Vielleicht gelingt es sogar, ein solches Wut-Elemental in ein Vergebungs-Elemental umzuwandeln...

# Fürchte dich nicht! – Das Reich der Engel

Engel erscheinen heute in ihren bildlichen Darstellungen oft als süßlich-rosa Putten, als niedliche geflügelte Babys oder als von Liebe und Geborgenheit überquellende Schutzwesen. Eine solche Betrachtungsweise ist ein Produkt der Moderne und hat mehr mit aktuellen Bedürfnissen als mit dem historischen Engelsbild zu tun. Die erste Begegnung mit einem Engel wird vielmehr als erschütternd empfunden, als geistigseelische Urgewalt:

»Dann sah ich einen anderen mächtigen Engel vom Himmel herabkommen. Eine Wolke umgab ihn, und über seinem Kopf wölbte sich ein Regenbogen. Sein Gesicht leuchtete wie die Sonne, und seine Beine glichen lodernden Feuersäulen (...). Wie Löwengebrüll dröhnte seine Stimme, und laut krachend antworteten ihm sieben Donnerschläge.« (Johannes 10, 1 ff)

In der Tat erschüttert die Engelsbegegnung die menschliche Seele so sehr, daß das erste Wort des Engels ein »Fürchte dich nicht!« ist. »Sie erschrak über die Anrede und überlegte, was dieser Gruß zu bedeuten habe. Da sagte der Engel zu ihr: Fürchte dich nicht, Maria, denn du hast bei Gott Gnade gefunden...« (Lukas 1, 29-33).

Ebenso ergeht es den Hirten:

»In jener Gegend lagerten Hirten auf freiem Feld und hielten Nachtwache bei ihrer Herde. Da trat der Engel des Herrn zu ihnen, und der Glanz des Herrn umstrahlte ihn. Sie fürchteten sich sehr, der Engel aber sagte zu ihnen: Fürchtet euch nicht, denn ich verkünde euch eine große Freude, die dem ganzen Volk zuteil werden soll...« (Lukas 2, 8-11).

Engel sind daher keine »Jahresendzeitflügellichterfigur« wie einmal auf der Verpackung eines in der damaligen DDR produzierten Weihnachtsengels geschrieben stand. Engel sind geistig-seelische Urkräfte.

## Ein Blick in die Religionen

Ein Vergleich dessen, was man in den Religionen der Vergangenheit und Gegenwart als »Engel« bezeichnen kann, ist bereits dadurch erschwert, daß sie keineswegs immer »Engel« genannt werden. Unser Wort »Engel« leitet sich vom griechischen »Angelos« ab, was »Bote« bedeutet. Und als solche sind sie auch in der Bibel beschrieben. Wenn wir heute z. B. bei Exodus 3,2 lesen: »Dort erschien ihm der Engel des Herrn...«, dann bezieht sich dies auf den Ausdruck »mal`âk JHWH« im Original. JHWH ist »Jahweh« (Gott), und es ist theologische Spekulation, ob damit nun Gott selbst oder ein Engel als eigenständiges Wesen gemeint ist, denn das hebräische »mal`âk« kann sowohl als »Bote« als auch als eine »Verhüllung Gottes«, eine vermittelnde Erscheinungsform interpretiert werden. Dementsprechend wäre der Engel kein Wesen für sich, sondern eine Funktion: die Vermittlung.

Trotz dieser Ambivalenz, auf die wir später noch einmal zurückkommen, werden die Engel offenkundig als eigenständige

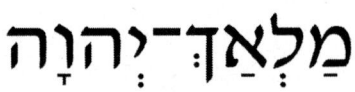

JHWH mal'âk

Abb. 24

Abb. 25: Geflügelte Wesen bestäuben den Lebensbaum (Assyrien).

Wesen dargestellt. Im Alten Testament finden sie achtundsechzig Mal, im Neuen Testament gar einhundertzwanzig Mal Erwähnung. Hier werden sie allerdings ohne Erwähnung von Flügeln beschrieben. Erst später wurden die biblischen Beschreibungen der Cherubim und Seraphim auf die »Engel des Herrn« übertragen.

Dies macht einen Vergleich zwischen den Religionen nun ungleich schwerer, da nun weder der Name noch die Erscheinung identisch sind. Geflügelte Wesen gibt es in historischen Beschreibungen und Abbildungen anderer Völker zuhauf. Eine der ältesten Darstellungen eines Wesens mit Menschenkörper und Flügeln stammt von einer babylonischen Stele aus der Stadt Ur (ca. 4000 vor Christus). Der »Engel« steigt aus einem der sieben Himmel herab, um das Wasser des Lebens in den Trinkbecher des Königs zu gießen.

Auf ähnliche Weise zeigt eine assyrische Darstellung geflügelte Wesen, die den Lebensbaum bestäuben (Abbildung 25). Bei den geflügelten göttlichen Wesen Mesopotamiens und angrenzender Länder symbolisierten die Flügel nicht nur die Möglichkeit des Fliegens, sondern, was viel wichtiger war, daß es sich bei ihnen um Wesen mit schrecklicher Macht handelte. Diese wohnten sowohl Gottheiten als

Abb. 26a-c: Ägyptische Göttinnen Nut (oben), Isis (links) und Maat als geflügelte Wesen

auch Dämonen inne, welche beide gleichermaßen geflügelt erschienen.

Auf ganz ähnliche Weise wurden daher in Ägypten beispielsweise die Göttinnen Nut, Isis und Maat mit Flügeln dargestellt (Abbildung 26 a-c), und im antiken Griechenland erschienen Hypnos, der Schlaf, und Thanatos, der Tod, als Engelwesen, die einen gefallenen Krieger hinforttragen (Abbildung 27).

Abb. 27: Griechenland: Hypnos und Thanatos als Engelwesen

91

Die abrahamitische Religion des Islam ist da der jüdisch-christlichen Vorstellung sehr viel näher und damit leichter vergleichbar. Auch der Koran betont vor allem das Geschaffen-Sein der Engel in Bezug auf ihre Funktion als Diener:

»Lob und Preis sei Gott, dem Schöpfer des Himmels und der Erde, der die Engel zu seinen Boten macht, so da ausgestattet sind mit je zwei, drei oder vier Paar Flügeln. Er füget seinen Geschöpfen hinzu, was er will, denn Gott ist aller Dinge mächtig.« (Sure 35,1)

Der Islam spricht den Engeln also durchaus Eigenständigkeit zu, wenngleich diese auch ausschließlich in ihrer Botenfunktion besteht. Sie besitzen einen feinen, aus Licht gemachten Körper, aufgrund dessen sie ihr Aussehen ihren Aufgaben anpassen können.

Für das christliche Verständnis der Engel war wohl kaum ein anderer so prägend wie Dionysius Areopagita. In seinem Werk »Über die Himmlische Hierarchie« (De coelesti hierarchia [13]) beschreibt er die Funktion und die Erscheinung der verschiedensten Engel in aller Ausführlichkeit und prägte damit das christliche Glaubensbild.

Dionysius lebte um 500 n. Chr. Sein Name bezieht sich jedoch auf die Apostelgeschichte (17,34), in der ein Dionysius, der Areopagit, Erwähnung findet.

Seine Lehren gingen schließlich in das Glaubensbekenntnis des 4. Laterankonzils von 1215 ein, in dem es heißt:

Gott »schuf in seiner allmächtigen Kraft vom Anfang der Zeit an aus nichts zugleich beide Schöpfungen, die geistige und die körperliche, nämlich die der Engel und die der Welt: und danach die menschliche, die gewissermaßen zugleich aus Geist und Körper besteht.«

Das erste vatikanische Konzil (8. Dez. 1869 – 20. Okt. 1870) wiederholt dies wortwörtlich.

Die Engel werden hier der rein geistigen Welt zugeordnet. Sie existieren nicht in der Stofflichkeit. Der Mensch dagegen besteht aus beiden Welten und wirkt somit in ihnen.

Diese Anschauung findet man auch in der Anthroposophie Rudolf Steiners wieder, in der die Engel eine eigene geistige Evolutionsschiene besitzen, neben der des Menschen und der der Natur. Nach Steiner stehen die Angeloi (Engel) in der Hierarchie der geistigen Wesenheiten eine Stufe über dem Menschen. Sie haben die Ich-Entwicklung bereits hinter sich gebracht und bilden nun ihr »Geistselbst« aus.

»Das ist das Eigentümliche der Engelwesen: Sie haben keinen physischen Leib, und aus diesem Grunde also auch keine Organe des physischen Leibes, keine Augen und Ohren und so weiter. Deshalb nehmen sie das physische Reich nicht wahr. Sie haben als ihre niederste Wesenheit ihren ätherischen Leib. Dadurch haben sie eine gewisse Verwandtschaft mit Pflanzen. Sie können also mit ihrem Bewußtsein herabsteigen bis zu den Pflanzen; sie können Pflanzen noch wahrnehmen. Dagegen wo ein Mineral ist, nehmen sie einen Hohlraum wahr, geradeso wie wir es beschrieben haben für den Menschen während des Devachanzustandes, wo der Mensch auch den Raum, den hier auf dem physischen Plan ein Mineral ausfüllt, als ein Hohlraum wahrnehmen wird. So nehmen diese Engel überall da, wo hier physisches Reich ist, einen Hohlraum wahr. Dagegen ragt ihr Bewußtsein da hinauf, wo des Menschen Bewußtsein heute noch nicht hinaufragt.« [46, S. 138 ff.]

## Mittler und Erscheinungsform des Göttlichen

Um das Wesen der Engel genauer zu verstehen, müssen wir die eben geschilderte Ambivalenz ihrer Existenz ins Zentrum unserer Betrachtungen rücken.

Im Parsismus wird die Auffassung vertreten, daß Ahura Mazda (der »Herr der Weisheit«, »Gott«) umgeben sei von sieben Erzengeln. Diese würden von ihm ausgehen und die sieben moralischen Prinzipien verkörpern. Engel sind demnach sowohl Erscheinungsform des Göttlichen bzw. eine bestimmte göttliche Funktion, als auch – in gewissem Maße – eigenständige Wesenheiten.

Ganz ähnlich beschreibt die Dionysius Areopagita:

»Jede gute Gabe und jedes vollkommene Geschenk kommt von Oben, indem es vom Vater der Lichter herabstieg. Aber jedes Hervortreten der vom Vater erregten Lichtausstrahlung, welche gütig verliehen zu uns dringt, führt uns auch hinwieder als eine in eins gestaltende Kraft aufwärts und vereinfacht uns und wendet uns wieder zur Einheit des Vaters, der vereinigt, und zu seiner vergottenden Einfachheit zurück. Denn aus ihm und zu ihm hin ist alles wie das heilige Wort sagt.« [13, Kapitel 1 §1]

Aus dem Licht Gottes brechen so auch die Engel hervor. Sie besitzen jedoch nur so lange Eigenständigkeit, als sie gelebte Funktion göttlicher Erscheinung sind. Insofern ist jeder göttliche Impuls gleichsam auch als Engel erfahrbar.

Ähnlich wie die Elementarwesen »Ausstülpungen« oder Splitter des Erdbewußtseins sind, so sind die Engel unmittelbare Splitter oder »Lichtstrahlen« aus dem allumfassenden göttlichen Bewußtsein. Sie können ebenso wie die Elementarwesen als eigenständige Wesen als auch als Teile eines übergeordneten Bewußtseinsfeldes beschrieben werden. Dabei bleibt der Engel jedoch wesenhaft in seinem Sein. Seine Funktion, zum Beispiel »Bote« eines göttlichen Geistesimpulses zu sein, *ist* sein Wesen. Er besitzt nichts als dieses. Wenn der Engel z. B. die Funktion einer Brücke in Jenseitsreiche hinein – wie wir sie noch im Kapitel »Seelentore – Seelenwege« beschrieben werden – erfüllt, dann ist diese Funktion sein innerstes Wesen. Innen und außen sind im Engel gleich, Wesen und Funktion sind identisch. Daher kann ein Engel nicht lügen. Die Lüge ist eine Verhüllung des innersten Wesens, dazu ist ein Engel nicht fähig. Sein Erscheinungsbild gleicht seinem innersten göttlichen Impuls.

Wir begegnen also im Engel unmittelbar der Paradiesweltebene, der Welt der geistigen Urkräfte, den Archetypen.

Wie Dionysius Areopagita betont, bleibt dabei der Engel nicht ausschließlich in sich, seine Wesenhaftigkeit bildet auch die Wesen, in die sie einstrahlt, um: »Aber jedes Hervortreten der vom Vater erregten Lichtausstrahlung […] führt uns auch hinwieder als eine in eins gestaltenden Kraft aufwärts […] und zu seiner vergottenden Einfachheit zurück.« Die Engelsberührung erzeugt damit in uns eine Rückkehr und bewirkt Einheit und Ähnlichkeit mit Gott.

Wie bereits im Kapitel »Mit wem spreche ich, wenn niemand da ist?« ausgeführt, ist aber Kommunikation stets eine innere Resonanz. Allein die Ansprache des Engels bewirkt ein Zurückgeworfensein auf die »vergottende Einfachheit«, auf das, was wir im tiefsten Wesenskern sind: ein Splitter des göttlichen Bewußtseins. So sagte auch Jesus: »Wißt ihr, wie ihr genannt werdet? Götter!« (Johannes 10,34). Diese urplötzliche Erkenntnis, eine Wesenheit mit dem göttlichen Bewußtsein zu bilden, ist das, was die menschliche Seele buchstäblich bis in den Kern erschüttert. Wir werden zurückgeworfen auf den Urquell unserer Existenz. Zu sein, was wir sind – das ist es, wovor wir uns fürchten. Zu erkennen, daß wir selbst Gott sind, ist erschütternder als all die psychologischen Muster, wir seien minderwertige, sündenbehaftete kleine Würmer. In der Kommunikation mit einem Engel werden diese Selbstbilder, diese Muster, beiseitegefegt, und diese Wahrheit ergreift, erschreckt, erschüttert.

Das »Fürchte dich nicht!« ist ein Mahnruf an unsere Wesensexistenz, dazu zu stehen, was wir im Innersten sind, es anzunehmen und zu leben.

Aus diesem Grunde sind Engel alles andere als süßliche Kindergestalten mit Flügeln, sie sind Berührungspunkte des kosmischen Bewußtseins an sich, sie sind Brücken in andere Wirklichkeiten und die gelebte, wesenhafte Forderung, diese in uns anzuerkennen. Engel konfrontieren uns mit den Archetypen unserer eigenen Psyche, sie lassen lebendig werden, was in uns ansonsten unter dicken Schichten psychischer Muster dahindämmert.


## Feuer und Licht – Der Körper der Engel

Feuer und Licht ist das Gewebe des Engelskörpers. Seraphim heißt, wie Dionysius Areopagita betont, »Entflammer« oder »Erglüher«.

»Mose weidete die Schafe und Ziegen seines Schwiegervaters Jitro, des Priesters von Midan. Eines Tages trieb er das Vieh über die Steppe hinaus und kam zum Gottesberg Horeb.

Dort erschien ihm der Engel des Herrn in einer Flamme, die aus einem Dornbusch emporschlug. Er schaute hin: Da brannte der Dornbusch und verbrannte doch nicht...« (Exodus 3, 1-2).

Feuer ist das Symbol des Geistes (Spirit), so wie Luft für das mentale Bewußtsein, Wasser für die Emotion und Erde für den stofflichen Körper steht. Der Leib der Engel besteht aus Feuer und Licht (Luft), weil sie

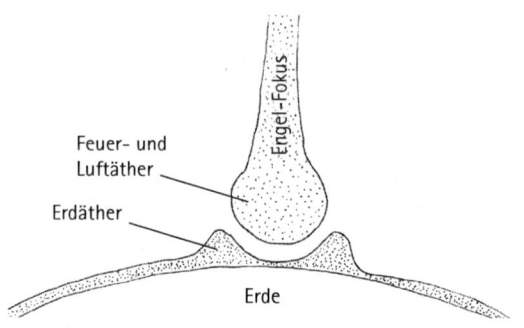

Feuer- und
Luftäther

Erdäther

Engel-Fokus

Erde

Abb. 28: Ätherstruktur eines Engelfokus: Die Erde wölbt dem eigentlichen Engelfokus eine »Erdätherschale« als Gefäß entgegen, in die sich der Engel »hineingebiert«.

unmittelbar an der geistigen Sphäre, der Paradieswelt, teilhaben. Ihr »Körper« ist symbolisch Geist. Sie sind im Außen das, was sie im Innern sind. An der Verortung eines Engels, am Fokus (Brennpunkt) seines Bewußtseins, finden sich daher auch hauptsächlich die Yang-Äther Feuer und Luft wieder. Der Erdäther, der die Elementarwesen umhüllt und ihnen dadurch wesenhafte Eigenständigkeit, Individualität, verleiht, ist bei einem Engelsfokus kaum mehr als ein verdickter Wulst nahe der Erdoberfläche (Abbildung 28). Dieser Rahmen, diese Fassung, ist Teil des ätherischen Erdenleibes. Das Wesen Erde schafft hier einen Berührungspunkt: »Es war als hätt der Himmel die Erde still geküßt.« (J. v. Eichendorff) Die Erde streckt dem kosmischen Bewußtsein sozusagen einen Kußmund entgegen. Durch den Wall aus Erdäther wird der Engelspräsenz eine Fassung angeboten.

»So nehmen die Engel überall da, wo hier physisches Reich ist, einen Hohlraum wahr«, sagt Rudolf Steiner. Die Erde – Gaia – überbrückt diese Schwelle. Sie bietet ihren ätherischen Körper dem Engel an, so wie sie uns Menschen einen physischen Körper schenkt. In dieses Feld aus Erd- und möglicherweise Wasseräther hinein ergießt sich die Engelspräsenz. Hier kommt es zum Brückenschlag zwischen Paradieswelt und Objektwelt. Engel brauchen also ein »gemachtes Bett«, eine Zusammenarbeit mit der Erde, um wirken zu können.

Andererseits ist auch der Mensch befähigt, der Paradieswelt Resonanzpunkte anzubieten. So wie der Mensch durch seine Gedanken und seinen Willen Wesen erschaffen kann, die Teil seines ätherischen Feldes sind (die Elementale), so kann er bereitwillig sein ätherisches Feld zur Verfügung stellen, damit sich dahinein die Engelspräsenz ergießen kann. Hier bietet der Mensch einen Fokuspunkt dar, mit dem der Engel interagieren kann, um so – über den Menschen – in der Stofflichkeit zu wirken. Die Bildung eines Fokuspunktes für einen Engel muß dabei nicht bewußt geschehen. So wie der Mensch unbewußt Elementale erzeugen kann, kann er unbewußt auch einen »Hafen« für die Kraft der Engel erschaffen. Es ist dies der innerste Ruf seiner geistig-seelischen Existenz, der »göttliche Funke«, der ihn dazu verleitet.

»Auch das dürfte ich wohl schicklich hinzufügen, daß selbst jeder einzelne [...] menschliche Geist für sich erste, mittlere und letzte Ordnungen und Kräfte eigentümlich besitzt, welche analog den geschilderten Erhebungen, wie sie den Einstrahlungen der einzelnen Hierarchien entsprechen, offenbar werden. Gemäß diesen Ordnungen und Kräften erlangt jeder einzelne Geist in dem ihm zustehenden und erreichbaren Maße Anteil an der überheiligsten Reinheit, dem übervollen Lichte, der absoluten Vollendung.« [13, Kapitel X §3]

Der Mensch besitzt folglich Kräfte, die den Einstrahlungen der Engel entsprechen. Über diese baut er eine Resonanz zum Göttlichen, indem er den Engeln die »dreifach abgestufte Ordnung von Kräften« – Körper, Seele und Geist – anbietet.

## Sonderfall: Landschaftsengel

Die Natur ist lebendig und komplex. Es ist der Fluch jedes Weltbildes, daß es nur ein Gedankenmodell ist und notgedrungen nicht alle Phänomene beschreiben kann. In unserer gedanklichen Kommode mag manches in diese, manches in jene Schublade passen, aber für manches gibt es keine wirklich passende Schublade. Ein solches Phänomen sind die sogenannten Landschaftsengel. Sie passen nicht vollständig in die Kategorie der Engel und auch nicht in die der Naturwesen. In ihrer ätherischen Struktur wirken sie wie Engel. Sie besitzen also keine geschlossene Haut aus Erdäther, vielmehr ist das Luftelement vorherrschend. Anders aber als die Angeloi, die Engel, sind sie keine Wesenheiten, die sich aus dem kosmischen Bewußtsein herabsenken. Ihre

Heimat ist vielmehr die Paradiesweltsphäre der Erde selbst. Anders ausgedrückt, entstammen sie nicht der geistigen Evolutionsschiene der Engel, sondern der Natur. Ihre Wirkfunktion und damit auch ihr Wesen – denn darin stimmen sie mit den Engeln überein, daß auch sie im Außen darstellen, was sie im Innern sind – ist nicht auf die menschliche Entwicklung gerichtet, sondern auf die der Natur. Sie besitzen Fokuszentren, von denen aus sie sich mit anderen Phänomenen und Wesen vernetzen. So sind feine ätherische Gewebe und Linien feststellbar, die den Landschaftsengelfokus mit Elementarwesenzentren, Einstrahlpunkten und anderen Phänomenen verbinden.

Dementsprechend sind Landschaftsengel viel »ortstreuer« als Engel. Ihr Fokus bleibt konstant an einem oder mehreren Orten, während Engelsfokusse auch kurzfristig entstehen oder wieder vergehen können, wenn der geistige Impuls im Menschen, einer menschlichen Gruppe oder einem übergeordneten Kollektiv gesetzt wurde. Allerdings können auch die Fokuszentren von Engeln, die einen geistigen Impuls in Volksgruppen oder Nationalcharaktere hineinwirken lassen, ebenso wie Engel, die einen »Zeitgeist« implizieren, relativ lange – manchmal über Jahrhunderte oder auch Jahrtausende – konstant bleiben. Insbesondere an alten heiligen Stätten sind Engelsfokusse praktisch ebenso ortskonstant wie die der Landschaftsengel.

Der Hauptunterschied beider Kategorien liegt daher in erster Linie in ihrer geistigen Heimat und ihrer Wirksphäre.

## Übung: Weite deinen Geist

Die Kunst, mit der Engelwelt Kontakt aufzunehmen und zu kommunizieren, besteht darin, die Mauer individueller Gedankenmuster zu durchbrechen, die uns von der Paradiesweltebene abgrenzt. Dies zu bewerkstelligen ist das Ziel vieler spiritueller Übungen: schamanischer Trancen, christlicher Kontemplation wie auch buddhistischer Zen-Meditation. Viele dieser Übungen bedürfen eines hohen Maßes an Disziplin und jahrelanger Übung.

Ich möchte an dieser Stelle eine Übung beschreiben, die ich als außerordentlich effektiv erlebe, die aber zugegebenermaßen auch sehr heftig ist und unser Bewußtsein schlagartig für die geistige Sphäre zu öffnen vermag. Ich möchte daher ausdrücklich betonen, daß Sie, wenn Sie die folgende Übung praktizieren, dies in völliger Selbstverantwortung tun und ich als Autor für die Folgen keine Verantwortung übernehmen kann. Sorgen Sie daher im Vorfeld für eine geschützte und stille Atmosphäre und, wenn Ihnen das Sicherheit gibt, für eine begleitende Person im Raum oder Nebenzimmer, an die Sie sich im Bedarfsfall wenden können. Andererseits möchte ich mit diesen Worten keine Ängste aufbauen. Es geht nur darum, daß Sie sich geistig in unbekanntes Terrain vorwagen. Unterlassen Sie die Übung, wenn Sie sich gerade in einer psychischen Krise befinden oder psychisch labil sind!

Die beste Tageszeit für die Übung ist die Nacht. Nachts fahren unsere körperlichen Aktivitäten herunter und geben dem Geistigen Raum. Entsprechend ist die beste Jahreszeit der Winter nahe an der Wintersonnwende, da hier die Natur ihre biologische Aktivität ganz zurückgenommen hat. Sie müssen aber nicht bis Weihnachten warten, um diese Übung zu vollziehen, es geht auch in jeder anderen Nacht.

Sie können die Übung im Stehen, Sitzen oder Liegen durchführen. Ich empfehle jedoch zu liegen, da die starke geistige Aktivierung zu Schwindelgefühlen führen kann. Legen Sie sich also auf eine Matte am Boden. Legen Sie zusätzlich zwei Kissen bereit, die die Arme seitlich stützen können. Zudem suchen Sie sich zur Unterstützung einen kleinen Kristall. Ich verwende zu diesem Zweck gerne kleine daumennagelgroße Bergkristall-Trommelsteine.

Die Übung nennt sich »Mentalfeldkonzentration« und kommt aus den Übungen des keltischen WYDA. Dazu wird eine bestimmte Handhaltung genutzt, die sich »Druidenfaust« nennt:

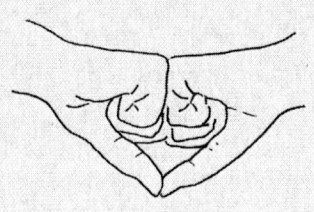

Schließen Sie Ihre Hände zu Fäusten und legen Sie sie aneinander wie in Abbildung 29 gezeigt. Die Daumen berühren sich.

Nun löschen Sie das Licht oder dimmen es deutlich ab. Eine Kerze kann hilfreich sein. Legen Sie sich auf den

Abb. 29: Druidenfaust

Boden und legen Sie sich (wenn Sie möchten) den bereitgelegten Kristall auf die Stirn. Schließen Sie die Hände zur Druidenfaust wie oben

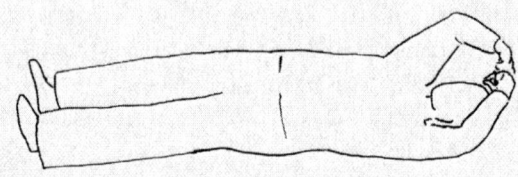

Abb. 30: Körperhaltung bei der Mentalfeldkonzentration

beschrieben und halten Sie diese mit ein wenig Abstand vor die Stirn. Die bereitgelegten Kissen können seitlich die Oberarme und Ellenbogen stützen, denn die Haltung wird schnell anstrengend. (Abbildung 30).

Schließen Sie die Augen und werden Sie sich Ihrer Gedanken und Gedankenmuster bewußt. Spüren Sie den Kristall auf Ihrer Stirn. Nun stellen Sie sich einen Stern vor, der Millionen von Lichtjahren entfernt ist. Unsere Aufmerksamkeit sollte auf die Unendlichkeit gerichtet sein, aber da diese schwer zu fassen ist, nehmen Sie ein Objekt, das sehr, sehr weit entfernt ist: den Lichtpunkt eines Sterns. Visualisieren Sie den Stern deutlich vor Ihrem inneren Auge und werden Sie sich der unermeßlichen Entfernung zwischen Ihnen und dem Stern bewußt. Halten Sie das Bild.

Nun beginnen Sie »MMM« zu summen. Es sollte ein kräftiges Summen sein, das den Schädel in Vibration versetzt. Variieren Sie die Tonhöhe, bis der Kopf richtig vibriert. Tönen Sie ein andauerndes »M« zwischen den Einatemzügen und halten Sie Ihre Aufmerksamkeit auf den Stern gerichtet. Verfahren Sie so 15 bis 20 Minuten lang. Wenn zwischenzeitlich die Arme zu schwer werden, legen Sie die Fäuste kurz auf der Stirn ab, geben Sie dann aber dem Kopfbereich wieder Raum, indem Sie wieder einen Abstand zwischen der Stirn und die Fäuste bringen.

Es ist wichtig, die Aufmerksamkeit auf die Unendlichkeit gerichtet zu halten und die Übung wenigstens 15 Minuten durchzuführen.

Anschließend legen Sie die Arme seitlich ab. Spüren Sie die enorme Ausdehnung des Geistesraumes um sich! Erspüren Sie, ob sich in diesem stark geweiteten Geistfeld »etwas« aufhält. Sie können nun auch innerlich um Kontakt zu einem Engel bitten. Achten Sie dann auf innere Bilder und den Wechsel der Emotionen.

Haben Sie einen spürbaren Kontakt, dann lassen Sie sich von der Präsenz des Engels durchfluten. Die Botschaften, die Sie möglicherweise erhalten, sind nicht immer angenehm, aber sie sind auf jeden Fall heilsam und können Ihnen Inspiration und Führung im Leben sein.

Optimal ist es natürlich, diese Übung nachts in der Nähe eines Engelsfokusses durchzuführen, doch ist dies insbesondere für Anfänger sehr schwer möglich, da solche Plätze in der Natur wenig bekannt sind.

Lassen Sie die Übung auf jeden Fall mindestens 30 Minuten abklingen. Holen Sie sich dann gezielt in den Körper zurück durch wiederholtes Anspannen der Muskulatur, durch Aufstampfen und Bewegung. Gegebenenfalls essen Sie eine Kleinigkeit. Sie wissen: »Essen und Trinken hält Leib und Seele zusammen!«

# Wieviel Seele hat der Mensch? – Die Welt der Seelenreiche

*Es geschah, als ich elf war. Ich hatte zum Geburtstag ein neues Fahrrad bekommen. Am Tag danach fuhr ich damit herum, sah das Auto nicht kommen und wurde überfahren.*

*Ich kann mich an den Aufprall nicht mehr erinnern, aber auf einmal sah ich mich selber von oben. Ich sah meinen Körper unter dem Rad liegen... Dann auf einmal war ich in einem Tunnel mit einem hellen Licht am Ende. Der Tunnel führte anscheinend immer weiter aufwärts... In dem Tunnel wurde ich hinaufgewirbelt wie in einem Wasserstrudel. Ich hatte keine Ahnung, warum ich in diesem Tunnel war und wohin ich ging. Ich wollte nur zu diesem Licht. Und als ich dort angekommen war, wollte ich nicht mehr zurück...*

So schilderte ein Junge namens Jason die Erlebnisse während seines physischen Todes, einer sogenannten »Nahtodeserfahrung« – im Englischen »Near-Death-Experience« oder nur kurz »NDE« genannt.

Skeptiker bezweifeln bis heute, daß es sich bei der Unzahl an dokumentierten Erlebnissen – das Schweben über dem Körper, das Licht, die Wahrnehmung der Anwesenheit verstorbener Verwandter, dem langen Tunnel und anderem – um reale Erfahrungen handelt.

Immer wieder wird behauptet, die Erfahrungen kämen etwa unter dem Einfluß von Medikamenten oder hohem Fieber zustande. Dieser Meinung widerspricht eine aktuelle Studie aus dem Jahr 2010: Zwei Forscherinnen vom »Center of Death & Sosiety« (CDaS) an der Universität von Bath haben in der Untersuchung »Deathbed Experiences in Irish Palliative Care« (Erlebnisse von Sterbenden in der irischen Palliativpflege [31]) diese Theorie näher untersucht. In 69 Prozent der Fälle widersprach das beteiligte Pflegepersonal anhand der medizinischen Hintergründe einem solchen Erklärungsmodell: »Die Qualität der Visionen, ihre offenbare Klarheit und Bedeutungsschwere, gepaart mit wichtigen Assoziationen durch und für die Sterbenden, widersprechen den eher zufällig wirkenden Halluzinationen von Patienten in Folge etwa der Medikation.«

Andere Theorien gehen davon aus, daß durch den Rückgang des Blutdruckes im Sterbeprozeß Nervenzellen der Sauerstoff entzogen würde. Neuronen im Gehirn, denen der Sauerstoff entzogen ist, verlieren ihre Fähigkeit, Ströme zu erzeugen. Jedoch geben diese nahezu gleichzeitig noch einmal verstärkte Signale ab. So konnten Wissenschaftler der George Washington Universität belegen, daß kurz vor dem Tod die Hirnaktivität noch einmal stark ansteigt; für sie eine Erklärung spezifischer NDE-Symptome. Doch kann auch diese Theorie die erstaunliche Übereinstimmung der Wahrnehmungen nicht erklären. Nach der oben erwähnten »Deathbed Experiences«-Untersuchung berichten 62,5 Prozent der Sterbenden von der Wahrnehmung Verstorbener im Raum.

Solche Wahrnehmungen verstorbener Personen sind jedoch nicht allein Sterbenden vorbehalten. Sozialwissenschaftler des NORC (National Opinion Research der Universität von Chicago) haben seit 40 Jahren periodisch Amerikaner über ihr inneres Leben befragt. Diese Untersuchungen gehören zu den bestdokumentierten Ergebnissen in der gesamten Sozialwissenschaft. Sie haben ergeben, daß nahezu die Hälfte der Amerikaner von einem »Kontakt mit Verstorbenen« berichtet. [22] Der Tod ist mehr als ein Absterben biologischer Zellen und damit einhergehender Halluzinationen.

Die Religionen der Welt waren und sind der Meinung, daß es sich bei jener »letzten Reise« um eine reale Ortsveränderung der Seele handelte, die jedoch auch mit einer Bewußtseinsveränderung einhergeht.

## Anatomie der Seele

Nun haben wir ihn wieder – den Begriff der »Seele«, vor dem ich mich immer wieder versucht habe zu drücken. Wie wir gleich noch sehen werden, ist die »Seele« jedoch alles andere als eine ungeteilte ewige Essenz.

Der indische Ausdruck für das, was wir als »Seele« bezeichnen, ist »Atman«. Der Begriff leitet sich ab von »an«, was »hauchen«, »atmen« bedeutet. »Atman« ist daher der »Atem des Lebens«. Der Begriff umfaßt schließlich aber auch das Leben, das Selbst bzw. den Wesenskern des Individuums – eben die Seele.

Diese Doppelbedeutung von Hauch und Atem auf der einen und Lebenskraft oder Lebensenergie auf der anderen Seite finden wir auch in den philosophisch-religiösen Vorstellungen anderer Kulturen wieder, etwa das chinesische »Qi«, das indische »Prana« und andere (siehe dazu das Kapitel »Prana, Qi und Lebenskraft«). Auch Gott hauchte Adam in der Genesis seinen Odem ein und übertrug ihm damit Lebens- und Geisteskraft. Der Geist wird traditionell durch das Symbol des Feuers wiedergegeben. Und so gibt auch der Begriff des »Pneuma« – dem aus Feuer und Luft gewordenen Hauch – aus der griechischen Philosophie dieses Phänomen treffend wieder. Im deutschen Sprachraum sind es wohl die Begriffe »Od« (verwandt dem »Odem« Gottes) oder »Äther«, die ähnliches beinhalten.

Augenscheinlich ist also die Seele – das Atman – bestehend oder zumindest umgeben von einer lebensspendenden, luftähnlichen Substanz, die sie nährt und schützt. Die Toten im Hades erscheinen Odysseus schwach und nebelhaft, ehe sie nicht vom Blut eines Opfertieres getrunken haben und dadurch scheinbar mit neuer Lebenskraft – neuem Äther mochte man sagen – aufgeladen wurden. Im ägyptischen

Totenbuch heißt es: »Isis spricht: Ich bin gekommen, damit ich dein Schutz sei. Ich habe Atemluft an deine Nase gefächelt.« Und an anderer Stelle heißt es von den Toten, sie würden »Luft« essen und von ihr leben.

Die »Seele« besteht somit unter anderem aus Ätherhüllen. Ganz bewußt wurde der Plural gewählt, denn offenbar handelt es sich wie bei einer Zwiebel um unzählige Schichten. Doch was bleibt von der Zwiebel, wenn man *alle* Schichten abgeschält hat...? Können wir also in diesem Sinne von *einer* Seele sprechen? Schauen wir noch einmal auf das Seelenbild verschiedener Zeiten und Kulturen.

## Bewußtsein und Seelenanteile

Hauchfein, quasi luftartig ist die Seele, und ihre Verbindung zum Körper wird durch den Atem (Äther) aufrecht erhalten. In der Todesvision des Barontus aus dem 7. Jahrhundert verkündet ein Engel: »Ich werde die Seele (animam) mit mir zum göttlichen Tribunal nehmen, doch seinen Geist (spiritum) werde ich in seinem Körper lassen.« Barontus fällt in einen komatösen Zustand. Obwohl scheinbar tot, verhindert ein unsichtbarer »Geist« (hier zu verstehen als lebenserhaltendes Prinzip »spiritus« im Sinne von »Atem«), daß der Lebensfaden durchschnitten wird. Auch in der Vision des Thurkill aus dem 13. Jahrhundert wird die Verbindung zum Körper durch den Atem aufrecht erhalten. Wann immer seine Seele im Jenseits hustete, hustete sein Körper auf der Erde mit!

In der obigen Vision des Barontus heißt es weiter: »Meine kleine Seele [die den Körper verlassen hatte] konnte nicht sprechen, bis sie, als die Zeit der Verhandlung näher kam, einen Luftkörper erhielt, der dem ähnlich war, den ich zurückgelassen hatte.« Augenscheinlich befähigt ihn erst dieser »Luftkörper«, durch Himmel und Hölle zu reisen.

So war man auch in Ägypten sehr darum bemüht, den »Ätherkörper« zu erhalten. Ein Teil der Seele – das »Ka« – blieb im zur Mumie präparierten physischen Körper, während das »Ba« als Vogel aufstieg – ebenso wie sich die Seele des Barontus in »Anima« und »Spiritus« teilte!

Der Seelenanteil des »Ba« reiste zu den Sternen. Seine Hieroglyphe war dementsprechend auch ein Stern. Interessanterweise gibt es im Volksglauben Europas die Ansicht, fallende Sternschnuppen würden die Geburt eines Kindes ankündigen. So spricht auch Paracelsus im *Liber de Lunaticis* von einem »siderischen Leib«, einem »Gestirnsleib« – der menschlichen Seele: »... so sind im Menschen zwei Leiber, einer aus den Elementen, der andere aus dem Gestirn; darum müssen diese beiden sonderlich wohl erkannt werden; durch den Tod kommt der elementarische Leib samt seinem Geist in die Grube, die ätherischen werden im Firmament verzehrt, und der Geist des Bildnisses Gottes geht zu dem, dessen das Bildnis ist.« [21b, S. 79]

Ganz in diesem Sinne spricht die mittelalterliche Alchimie vom »Gestirn im Menschen«, dem »corpus glorificationis«, dem Verklärungsleib. Der Alchimist Zosimos von Panopolis aus dem 3. Jahrhundert beschreibt auf ähnliche Weise, daß der fleischliche Mensch den geistigen in sich trage, den man »Licht« nennt. Dieses höhere – überpersonale (!) – Etwas nennt C. G. Jung den »daimonion«.

Auch die Afrikaner kennen diese Vorstellung mehrerer Seelen. Sie nennen sie: Hauchseele, Schattenseele und Geistseele. In China werden die beiden Anteile »Körperseele« »Po« (Yin) und »Hauch«- bzw. »Geistseele« »Hun« (Yang) genannt. Innerhalb beider Schriftzeichen ist das Zeichen für »Dämon/Geist« erkennbar.

Ein Seelenanteil bleibt somit nach dem Tode im physischen Körper – bis dieser zerfällt, wenn man dagegen keine Maßnahmen einleitet. Viele Naturvölker sehen hier auch eine enge Verbindung zwischen der Seele und dem Kopf. Sie stellen daher den Kopf eines Angehörigen auf einem besonderen Platz auf. Dieser Kopf – oder vielmehr die in ihm verbliebenen »Seelenteile« halten die Verbindung zum Geist des Verstorbenen, so wie der »Spiritus« des Barontus verhindert, daß die Verbindung endgültig reißt.

Verhindert man sein Austreten nicht, verläßt der Seelenteil den Körper oft durch den Mund – wie in mittelalterlichen christlichen oder altägyptischen Vorstellungen –und tritt zusammen mit dem zweiten Seelenteil seine Reise an. Deshalb wurde in Ägypten den Mumien ein Skarabäus aus Türkis in den Mund gelegt, um einen vollständigen Austritt zu verhindern. Sie identifizierten sich so sehr mit dem physischen Leben, daß sie alles daransetzten, die »Seele« im Körper zu halten. Dies wirkt offensichtlich bis heute, denn Blanche Merz beschreibt die

Kirlianfotografie einer Mumienhand, die noch alle »Strahlungscharakteristiken« der Hand eines Lebenden aufwies!

In China, wo es zum Teil ebenfalls Brauch war, die Toten zu mumifizieren, führte dies soweit, daß die Gräber als reale »Sitze der Toten« betrachtet wurden, die man geomantisch optimal zu plazieren suchte. So wollte man den Nachfahren des Toten, die auf diese Weise weiter mit ihm in Kontakt standen, durch Hilfe des Toten Glück und Wohlstand sichern.

Ganz anders war und ist dagegen die Betrachtung des erstrebenswerten Zustandes nach dem Tode in Indien. Hier ist man sorgsam darauf bedacht, jede Verbindung zur physischen Welt zu zerstören, um eine weitere Reinkarnation möglichst zu verhindern, damit die Seele ins Nirwana eingehen kann. Die Toten werden demzufolge verbrannt, um die Ablösung des Ätherkörpers zu beschleunigen und ihn der reinigenden Kraft des Feuers auszusetzen (vergleiche hierbei auch die christliche Vorstellung des Fegefeuers, das mit seinen Flammen die Seelen läutert).

So besitzt der Mensch verschiedene Seelenbestandteile, die jeweils an bestimmte Bewußtseinsaspekte gekoppelt sind. Deshalb schreibt auch Paracelsus, daß »durch den Tod [...] der elementarische Leib samt seinem Geist in die Grube [kommt]«. Die die Persönlichkeit eines Menschen ausmachenden Persönlichkeitsanteile (Ego) haften mit ihren Erfahrungen an den Elementeäthern (»elementarischer Leib«). Im Sterbeprozeß löst sich die Verbindung zwischen diesem Ätherkörper, der die Erfahrung gespeichert hält, und dem physischen Körper. Dabei werden die Erfahrungen frei abrufbar – die »Lebensrückschau« beginnt, und der Sterbende nimmt die essenziellen Ereignisse seines Lebens mit allen damit verbundenen Gefühlen, oft aber aus der Perspektive der dritten Person wahr.

Mit der Zeit werden diese ätherischen Zwiebelschalen vom Ätherleib der Erde absorbiert. Die menschlichen Erfahrungen gelangen auf diese Weise auch zum Erdbewußtsein. Die Essenz der Erfahrungen jedoch wird bei diesem Prozeß auf andere Seelenanteile »überspielt«. Sie werden vom »siderischen Leib«, wie Paracelsus ihn nennt, aufgenommen. Das »Ego-Bewußtsein«, der Geist des elementarischen Leibes, gelangt in die Grube.

Rudolf Steiner schreibt zu diesem Prozeß:

»Da erinnern wir uns einmal daran, daß wir gesagt haben, wenn der Mensch stirbt, so hat er nach dem Tode zunächst das um sich herum, was wir genannt haben das lange Erinnerungstableau an das eben verflossene Leben. Das bleibt zwei bis drei Tage; für die einzelnen Menschen ist das etwas verschieden. Es bleibt in der Regel ungefähr so lange, wie der betreffende Mensch es im Leben aushalten konnte ohne zu schlafen. Die verschiedenen Menschen sind sehr verschieden darin. Der eine ist gewohnt, nach je zwölf Stunden zu schlafen, und es fallen ihm dann die Augen zu; andere dagegen können sich vier bis fünf Tage wachhalten. So lange wie sich der Mensch halten kann ohne zu schlafen, so lange dauert sein Erinnerungstableau. Dann löst sich der Ätherleib auf und es bleibt nur ein Extrakt davon zurück, die Lebensfrucht des vergangenen Lebens. Die wird mitgenommen für die ganzen folgenden Zeiten und wird seiner Wesenheit einverleibt, und bildet das, wonach sich der Mensch in der nächsten Inkarnation seinen physischen Leib aufbauen kann.« [46, S. 138 ff]

## Jenseitsreiche und Paradieswelten

Ein weiterer tiefsitzender Glaube unserer christlichen Kultur ist, daß der Mensch verschiedene Jenseitsreiche erleben kann, die er aufgrund seines ethischen Verhaltens erfährt. Himmel und Hölle kennen die verschiedensten Ausformungen als Belohnung oder Strafe für die Taten des Lebens. So beschreibt der italienische Dichter Dante Alighieri (1265 - 1321) in seiner »Göttlichen Komödie« neun Paradieswelten entsprechend neun Gestirnssphären, die die Erde umhüllen. Auf ähnliche Weise bereiste auch der Prophet Mohammed in seiner Vision die sieben Himmel, das entsprach den sieben damals bekannten Planetensphären.

Ganz im Gegensatz dazu, gelangt man in der tibetischen Vorstellung weniger als Belohnung oder Strafe in die verschiedenen »Himmel« oder »Höllen« – in das Reich der Titanen, der hungrigen Geister oder der Götter, sondern vielmehr, weil man sich von dem jeweils emittierenden Licht der Sphäre angezogen fühlt. Die Jenseitsreiche bilden gleichsam einen Spiegel des Bewußtseins des Verstorbenen.

Dagegen entschied für die Germanen die Todesart, in welches Jenseitsreich man aufgenommen wurde: Tapfere Krieger, im Kampf gefallen, kamen zu Odin nach Walhalla, an Altersschwäche oder Krankheit Verstorbene dagegen in das unterirdische Reich der Göttin Hel. Eine solche Vorstellung herrscht auch bei vielen Naturreligionen. So gelangen vom Blitz Erschlagene ebenso wie im Kindbett verstorbene Frauen bei den Serern (ein Volk im Senegal) nach Honulu, in ein Jenseitsreich beim Mittelpunkt der Erde.

Bei den Azteken gab es dagegen – ähnlich wie im alten Ägypten – eine soziale Trennung: Die gewöhnlichen Sterblichen, ob gut oder böse, gelangten ins Jenseitsreich nach *mictlan*, während der König oder seine Verwandten nach *mictleaci* reisten. Erst unter christlichem Einfluß wurden aus unterirdischen Jenseitswelten »Höllen«. Die Vorstellung der verschiedenen Jenseitsreiche wechselte auch in unserer christlichen Kultur. Vielleicht aber, so möchte ich fragen, wechselten die Jenseitswelten nicht deshalb, weil die veränderte Weltsicht die Jenseitsvorstellungen prägte, sondern, weil die jeweilige Weltsicht Ausdruck einer inneren Entwicklung und eines Bewußtseinszustandes ist? Auf diese Weise gelangte die »Seele« in Jenseitsreiche, die dem veränderten Bewußtsein entsprachen und damit eine Spiegelung desselben darstellten?!

Interessant ist in diesem Zusammenhang der Gleichklang zwischen der Vorstellung eines »Gestirnsleibes« mit der Vorstellung verschiedener Planetensphären als Jenseitsreiche wie sie u. a. im Christentum und Islam auftauchten.

Jede Planetensphäre, einschließlich die der Erde, entspricht damit einem Bewußtseinsraum, der wiederum ähnlich ambitioniertes Bewußtsein anzieht. (Abbildung 31).

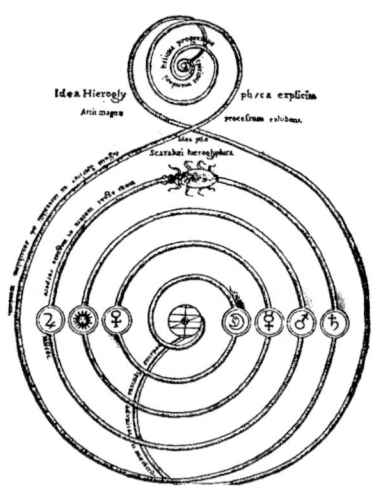

Abb. 31: Planetensphären. Jede Sphäre ist ein Bewußtseinsraum.

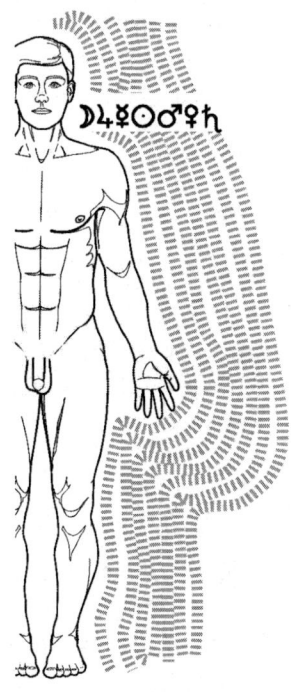

Abb. 32: Planetare Ätherkörper (Seelenanteile) des Menschen

Das Tibetische Totenbuch spricht in diesem Zusammenhang von unterschiedlichem Licht, das als anziehend oder abstoßend empfunden wird. Beim In- (bzw. Ex-) karnationsprozeß durchwandert der Mensch gleichsam die verschiedenen Planeten-Bewußtseins-Sphären und erhält dort verschiedene Eigenschaften und Seelenbestandteile (Abbildung 32): Saturn, der letzte der personalen Planeten, »schenkt« die Person. Er trennt das Bewußtsein von dem des Gesamtkosmos ab. Jupiter schenkt Weisheit (»Bewußtheit«), Mars das Ich, Venus die Unterscheidung und damit den Trieb (sexuelle Orientierung), Merkur vermittelt den Verstand, die Sonne die Vitalkraft, der Mond prägt die Emotion. Die Erde schließlich schenkt den physischen Körper.

Jeder dieser planetaren Bewußtseins-räume bietet damit auch gleichsam eine Jenseitssphäre, die dem entspricht, womit wir uns am stärksten identifizieren. Ein Verweilen in Jenseitsreichen der Erde, dem Reich Hel oder Honulu, bedeutet daher lediglich eine innere Zuwendung zur Körperlichkeit. Nur aus christlicher Sicht ist damit eine spirituelle Geisteshaltung verbunden, die »verwerflich« ist, da das Christentum eine kosmisch orientierte Religion ist; ähnlich wie der Buddhismus auch. Das »Nirwana« zu erreichen, hieße in dieser Sicht, die »Hüllen« der sieben inneren Planeten(-äther) abzustreifen und in die transpersonalen Sphären der äußeren Planeten oder gar darüber hinaus »vorzustoßen«.

## Seelentore – Seelenwege

Totenbräuche und Begräbnisriten befinden sich in starker Abhängigkeit vom erstrebten nachtodlichen Zustand. Offensichtlich ist es von großer Wichtigkeit, wie und auch wo ein Toter bestattet wird. Der Übergang ins Jenseits wurde von der Todesart als ebenso abhängig betrachtet wie vom Zustand des Leichnams und dem Ort des Begräbnisses. Damit stellt sich auch die Nahtoderfahrung als möglicherweise örtlich beeinflußt dar. In allen Kulturen und zu allen Zeiten gab es daher auch Orte, die als etwas Besonderes angesehen wurden – da sie quasi dem Jenseits näher waren.

Im tibetischen Buddhismus wird so zum Beispiel die Ansicht vertreten, der »Geistkörper« könne nach seinem Tode gehen, wohin er will, nur nicht in einen Mutterschoß und nicht an den Ort, wo Buddha seine Erleuchtung erlangte. Dieser Ort ist für »körperlose Seelen« im nicht-erleuchteten Zustand tabu – vielleicht, weil er unmittelbar in transpersonale Seinszustände führt (Nirwana).

Im Christentum dagegen wird die »Verräumlichung« des Fegefeuers nirgendwo drastischer angenommen als in der heiligen Stätte Lough Derg im Country Donegal/Irland, die im Mittelalter als Pilgerort und Pforte in die jenseitige Welt Ruhm erlangte. Der Ort war bereits zuvor in der heidnischen und christlich-keltischen Tradition als »Jenseitspforte« bekannt. Der Sage nach wurde der Ort vom Heiligen Patrick – dem Nationalheiligen der Iren – quasi für das Christentum »vorbereitet«, indem er von dort und der ganzen Insel alle »Schlangen« vertrieb.

Wer das sogenannte »Purgatorium des Heiligen Patrick« auf Lough Derg betrat, folgte einem Initiationsritual, das sich zu einer rituellen Imitation des Todes steigerte und von Antonio Mannini 1411 beschrieben wurde. Auch der Ritter Sir Owen aus Robert Southeys gleichnamiger Ballade betrat das Purgatorium, um das Fegefeuer zu schauen und so eventuelle Sünden noch zu Lebzeiten abzubüßen. Als er das Purgatorium betrat, folgte er einem langen dunklen Gang, an dessen Ende ein Lichtschein lockte – ganz so wie in den Schilderungen moderner Nahtoderfahrungen.

Im »Jenseits« angekommen, werden ihm die Höllenqualen gezeigt. Schließlich wird er von seinen geisterhaften Führern auf einen Berg geleitet. Hier ist der Eingang zum himmlischen Paradies. Interessant ist, daß auch im Shintoismus der Glaube herrscht, die Toten würden auf Berginseln – also an örtlich genau bezeichneten Stellen – in eine

Abb. 33: Die Brücke über den Unterweltsfluß ins Jenseits steigt senkrecht nach oben. Fresko in Santa Maria, Loretto, 13. Jh.

andere Welt überwechseln. Wie in meinem Buch »Landschaften der Seele« [7] näher beschrieben, stehen die Berge allgemein mit dem Tod in Verbindung. In Nordborneo befindet sich zum Beispiel das »Land der Totenseelen« auf dem höchsten Berg der Insel, und auf der Malukkeninsel Ceram liegt das Jenseitsreich auf dem Totenberg Salahua.

Auf dem Berge angekommen, kommt eine Flamme vom Himmel herab, fällt auf den *Kopf* des Ritters Owen und durchdringt ihn. »Dann empfand er ein süßes Gefühl der Freude in seinem Körper und seinem Herzen, so daß er vor Entzücken kaum zu sagen wußte, ob er noch lebte oder bereits tot war.« [52, S. 61]

Interessant an den Schilderungen der Todesvision Owens ist ferner, daß die in mittelalterlichen Todesvisionen häufig auftauchende Brücke über den Höllenfluß, über die die Seelen zur Prüfung schreiten, bei Owen vertikal nach oben steigt (Abbildung 33)! Dieser Topos hat seine Parallele in vielen Kulturen: Zu den Fähigkeiten eines Medizinmannes des Mara-Stammes gehört es, während der Nacht mit Hilfe eines für die gewöhnlichen Sterblichen unsichtbaren Seiles bis in den Himmel zu klettern, wo er sich mit den Geistern der Sterne (sic!) unterhalten darf.

Selbst Mohammeds magischer Flug in die sieben Himmel wird auch als das Klettern auf einer Himmelsleiter – der »mi`raj« – beschrieben. In Ibn Ishaqs Erzählungen sagt Mohammed, daß die Leiter, auf der er den Himmel erklomm, von den »Menschen in ihrer Todesstunde gesehen wird«. Ist es möglich, daß es sich beim häufig erwähnten Tunnel um eben diese »Himmelsleiter« handelt? – Ein real vorhandenes, für die Augen der Sterblichen lediglich unsichtbares Phänomen?

Platon spricht im »Staat« ebenso von einem himmlischen Mechanismus – eine Öffnung im Himmel! Und Karl der Dicke arbeitete sich in seiner Todesvision aus dem 9. Jahrhundert durch das infernalische Labyrinth – angebunden an einen Lichtstrahl!

In Altägypten gibt es ein Amulett, das anscheinend nur bei Begräbnissen verwendet wurde: das sogenannte »Djed-Amulett«. Es hat die Form eines astlosen Baumes oder eines mehrfach eingekerbten Pfahles

Abb. 34: Ägyptischer Djed-Pfeiler mit den Schwestern Isis und Nephtys, Ankh und Sonnenscheibe (19. Dynastie, ca. 1250 v. Chr.)

und wird als Abbild der Wirbelsäule (man erinnere sich hier an das Aufsteigen der Urenergie des Kundalini im Rückenmarkskanal) des Totengottes Osiris angesehen. Auch die Tatsache, daß es nur selten von Lebenden getragen wurde, deutet auf seine Verbindung zu Osiris hin. Der Djed-Pfeiler (Abbildung 34) ist ein prähistorisches Symbol, dessen Bedeutung noch immer nicht restlos geklärt ist. Am wahrscheinlichsten ist die Auffassung, daß der Djed ursprünglich ein Pfahl war, um den stufenweise Getreideähren gebunden wurden. Er repräsentierte damit eine Form der Weltensäule, die Himmel und Erde verbindet und im Zentrum der Welt steht, weil hier die Verbindung zwischen allen kosmischen Regionen stattfindet: der *axis mundi*.

In Memphis entstand so auch das Ritual von der Aufrichtung des Djed-Pfeilers, welches der König unter Mithilfe von Priestern selbst vornahm. Das Totenbuch besagt, daß ein solcher Djed-Pfeiler den Zugang zum Jenseits erschließt: die Weltenachse als Torweg zum Jenseits!

Die Ägypter haben in ihren Totentexten auch den Ausdruck »asken pet« (»asken« bedeutet »Stufe«) bewahrt, um zu zeigen, daß die Leiter, die der Sonnengott Ra ihnen gibt, um zum Himmel zu steigen, eine wirkliche Leiter ist. In den Sprüchen des ägyptischen Totenbuches heißt es: »Aufgestellt ist für mich die Leiter, damit ich die Götter sehen kann.« [10] Und an anderer Stelle: »Die Götter machen ihm eine Leiter, damit er mit ihrer Hilfe zum Himmel steigen kann.« [10]

Der Eingeweihte des Mithraskultes zählte die Stufen zur Sonne und erklomm eine siebensprossige planetarische Leiter (sic!), die ihn von der Dunkelheit ins Licht führt. Der Mythos von der Himmelfahrt über eine Leiter ist auch in Afrika, Ozeanien und Nordamerika bekannt. Doch wie der Religionswissenschaftler Mircea Eliade [16] betont, ist die Stiege nur eine von vielen symbolischen Ausdrucksweisen für die Himmelfahrt. Man kann den Himmel auch durch das Feuer [wie Ritter Owen] oder den Rauch erreichen, durch das Ersteigen eines Baumes oder eines Berges, das Erklettern eines Seils oder einer Liane, des Regenbogens, sogar eines Sonnenstrahls (wie Karl der Dicke oder ägyptische Pharaonen).

Welcher Art kann dieses – augenscheinlich durchaus räumlich zu betrachtende – Phänomen sein, das in vielen Kulturen als vertikale Verbindung der Toten ins Jenseits dient?

Bekannt sind in der Geomantie sogenannte Einstrahlpunkte, vertikale, säulenartige Phänomene, die von einem Äthermantel umgeben sind. Einige dieser Einstrahlpunkte haben eine Resonanz zu den Planetensphären und können damit als Tunnel oder Brücke in diese Jenseitsreiche dienen. So wird denn auch die Betrachtung der Verbindungsachse ins Jenseits als säulenartiges Ätherphänomen zur einleuchtenden Interpretation folgender Zeilen aus dem ägyptischen Totenbuch:

»Ich fahre über die Welt zum Himmel,
und ich stehe auf als ›Schu‹ [Luftgott],
damit ich das *Licht* befestige
auf den beiden Stangen der Leiter,
welche die ›Unermüdlichen‹ [d. h. die Toten]
aufsteigen läßt, fern über die Köpfe.«
[10]

Doch auch der Fokus eines Engels kann als ein solches Seelenportal dienen. Wir erinnern uns: Engel sind sowohl Erscheinungsformen bestimmter göttlicher Funktionen als auch eigenständige Wesenheiten.

Seine Funktion – in diesem Falle »Psychopompos«, Seelenführer und Kanal zu sein – ist sein Wesen. Abbildung 35 zeigt einen Genius, einen Engel, der entlang einer stabähnlichen Fackel eine Verstorbene in ein Jenseitsreich geleitet. Die Fackel ist ein Symbol für die feurige, leuchtende *axis mundi*, als die der Engel auftritt. Im Christentum ist es meist der Erzengel Michael, der als ein solcher Seelenführer auftritt.

Abb. 35: Ein Genius mit Lichtstab (Fackel), als Symbol des vertikalen Jenseitsweges, geleitet eine Verstorbene ins Jenseits. Römische Darstellung

Sowohl Einstrahlpunkte als auch Engelsfokusse können als »Brücke« ins Jenseits dienen. Sie verbinden die Objektweltebene mit der Paradieswelt.

Eng mit dem Topos der *axis mundi* – der Weltenachse – verknüpft ist das Motiv des Drachen oder der Schlange. Drache und Schlange (beide sind im griechischen Wort »drakon« vereint) waren der Erdmutter, der »Großen Göttin« geheiligte Tiere. In Tempeln der Göttin wurden oft große Schlangen gehalten. Der Drache repräsentierte den alljährlichen

Vegetationszyklus und wurde damit zum Symbol der Wiedergeburt, so wie auch die Schlange, die ihre alte Haut abstreift. So stellte die Sage vom Drachen oft die Urkraft der Erde, den Jahreszeitenzyklus dar. Erst mit dem Wechsel zum Patriarchat wird die heilige Schlange zur Inkarnation des Bösen. Der Hauptaspekt der Schlange wird deutlich, wenn man sie in der alten Blickweise betrachtet: Im Kundalini-Yoga ist die Schlange Gleichnis der aufsteigenden Urkraft, der Urenergie, die das Leben schuf, und auch der Drache als Symbol des Vegetationszyklus bekräftigt diesen energetischen Aspekt. Tempel wurden dort gebaut, wo die »Wuivre«, die Erdschlange, im Boden weilte. Auch das delphische Orakel lag auf der Pythonschlange. Hier wurde auch der Omphalos, der »Nabel der Welt«, mit seiner inhärenten *axis mundi* errichtet.

Die Nomaden zogen mit dem Erddrachen mit, sie folgten der Spur der »Erdkräfte«. An den Orten, an denen sie haltmachten und heilige Stätten errichteten, existieren bis heute Drachensagen oder Ortsnamen wie Limburg oder Wurmlingen, die auf das drachenartige Tier des Lindwurms verweisen. Vergleicht man derartige Orte auf einer Landkarte, stellt man oft überrascht fest, daß diese sich auf einer schnurgeraden Linie befinden! Das althochdeutsche Wort für Drache war »track«, es bildet die direkte Beziehung zum englischen Begriff für Pfad/Weg. Offensichtlich bezeichneten die »Drachenlinien« – zumindest geistige – Wege, die schnurgerade durchs Land liefen.*

Es sind darüber hinaus über derartige gerade Wege eine Fülle von Sagen bekannt, in denen Geister oder Untote auf geraden Wegen zwischen Friedhof und Kirche wandern. Oftmals gar findet man auf Karten Flurnamen, die direkt auf »Totenwege« verweisen. In Irland heißt es, die Feen würden sich entlang solch gerader Linien bewegen. Diese in der Geomantie als »Leylines« bezeichneten »Linien« können somit als »Wege des Geistes« betrachtet werden. Ihre Beziehung zum Jenseits wird offensichtlich, wenn man sich »Leylines« genauer betrachtet: Die »Ley« bei Knowlton in England kreuzt drei Grabhügel und führt ferner

---

* Nicht zu verwechseln mit dem spezifischen geomantischen Phänomen »Drachenlinie«. Gemeint ist hier das Alignement mit der Symbolik der Drachenkraft. Dieses kann, muß aber nicht dem geomantischen Phänomen einer Drachenlinie entsprechen.

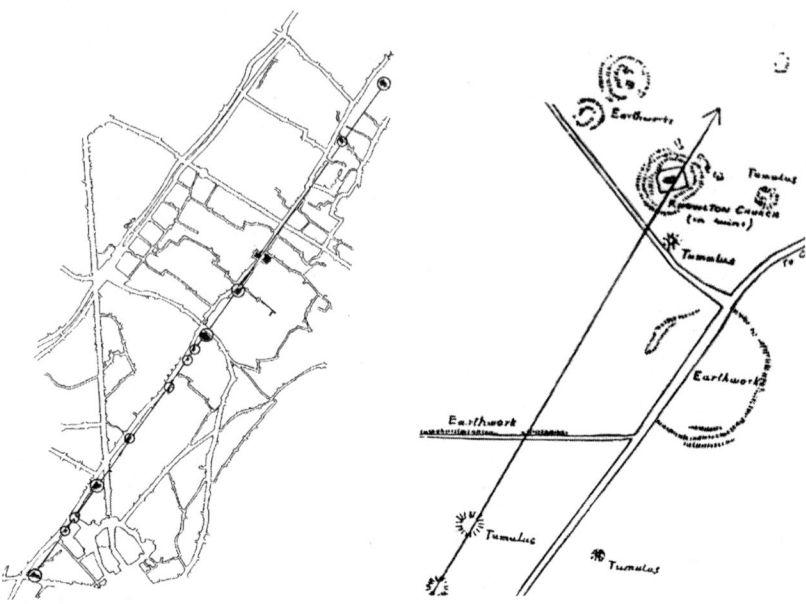

Abb. 36a: Die Ley in Kairo verbindet zahlreiche Moscheen aber auch Gräber: der
horizontale Seelenweg.

Abb. 36b: Die Ley bei Knowlton von Alfred
Watkins verbindet mehrere Grabhügel.

durch die Kirche von Knowlton; eine andere Leyline in Kairo durchquert neben acht Moscheen auch die Grabanlagen von El Muzaffar,
Yüssef Bey und Hassan Sadaqa. Alle diese Anlagen befinden sich auf
einem schnurgeraden Alignement. (Abbildung 36a+b)

So finden sich z.B. auch Abbildungen von auf Schlangen reitenden
Schamanen, die eine »Jenseitsreise« machen, auf Felsbildern vom Onega-

Abb. 37: Ein Schamane reitet eine Schlange, um ins Jenseits zu gelangen. Symbol des horizontalen Seelenweges. Felsgravur Onega-See

116

See in Karelien und Roddy in Norwegen! (Abbildung 37) Der Schlangenpfad als Geistes-Reisevehikel des Schamanen!

In diesem Zusammenhang überrascht es deshalb nicht mehr, daß das Motiv der Schlange oder des Drachen in der Jenseits-Literatur öfters auftaucht. Im Spruch 64 des ägyptischen Totenbuches heißt es: »... die beiden Sechu-Schlangen haben mir die Unterwelt geöffnet.«

Und in Spruch 149:

Siebenter Hügel,
Rerek-Schlange, mit übler Gewandung.
O jene Schilfregion, zu fern, um erblickt zu werden,
deren Gluthauch Feuer ist
und in der eine Schlange ist, Rerek mit Namen,
sieben Ellen lang auf ihrem Rücken –
sie lebt von den Verstorbenen.
... Sein Ka fällt durch die Sedjeh-Schlange.
[10]

Die offensichtlich negative Beurteilung der Schlangen sollte uns nicht irritieren. Wie oben erwähnt, versuchten die Ägypter alles, um ihre Seelenanteile im leiblichen Körper zu halten. Die Schlange aber symbolisiert einen »Weg« der vom Körper wegführt und die darum um alles in der Welt gemieden werden mußte! So muß sich der tote Pharao auch hüten, auf seiner Reise von der riesigen Apophis-Schlange verschlungen zu werden. Ein anderer Spruch aus dem Totenbuch schildert den Sachverhalt noch deutlicher: »Zurück, du Krokodil des Ostens... denn ich habe deine Schwangerschaft durchlaufen...« Offensichtlich hat hier die Seele den Weg des Drachen – hier in einer Variation als Krokodil – bereits durchlaufen, ist durch die »Linie«, den Kanal gegangen, hat »die Schwangerschaft durchlaufen«.

Auch in anderen Kulturen tritt die Schlange in den Kontext des »Totentieres«. Im Talmud wird die Auffassung vertreten, daß das Rückgrat von Menschen (siehe Kundalini-Kanal), die sich beim Gebet nicht verneigt haben, nach dem Tode zu einer Schlange wird, die wegkriecht, so daß die Betreffenden nicht mehr *auferstehen* können. D. h. sie sind ihres »Körpers« oder eines Seelenteiles beraubt, dieser hat sich als Schlange (oder in der Schlange) entfernt. Und in der Höllenvision des Sir Owen werden die Seelen der Verdammten von Drachen verschlungen! In Mesopotamien wurde der Herr der Unterwelt mit einem Zepter beschrieben, das einer Schlange gleicht. Und im Totenbuch der Ägypter wird das Aufrichten der »Schlangensteine des Horus« beschworen. Ist es möglich, daß hier gezielte geomantische Installationen existierten, die die »Totenwege« in gewünschter Form beeinflussen konnten?

Abb. 38: Der Drache als Portal ins Jenseits (»Höllenschlund«), Fresko Urschalling

Besonders deutlich wird der Zusammenhang des Schlangenmotivs mit dem »Jenseitsweg« in einer Sage aus dem Waldviertel in Österreich:

*Vor langer Zeit hatte einmal ein Mann um Mitternacht im Keller zu tun. Da wälzte sich aus einer Ecke eine große Schlange auf ihn zu. In dem aufgerissenen Rachen trug sie einen Schlüssel. Die rote Zunge schnellte vor und zurück, zischend und fauchend kam sie näher. Obwohl ihm die Knie schlotterten, überwand er seine Angst und riß ihr den Schlüssel aus dem Maul. Da wurde es plötzlich im Keller ganz hell, er sah eine Tür im Keller und sperrte sie auf.*

*Dahinter befand sich ein langer Gang (!). Je weiter er ging, um so heller fingen die Wände zu strahlen an, mit jedem Schritt wurde das Leuchten stärker, er kam sich vor, wie von einer ungeheuren Glut umgeben. Am Ende des Ganges wartete in einem großen Saal voller Schätze eine arme Seele darauf, erlöst zu werden. Nach einigen Schritten aber verließ den Mann der Mut, er stürzte Hals über Kopf zurück. Als er den Keller erreichte, gab es einen dumpfen Knall, die Tür fiel zu und er stand in völliger Dunkelheit. Die Aussicht auf die großen Schätze ließ ihm aber keine Ruhe und am nächsten Tag ging er wieder in den Keller, in der Hoffnung, daß sich um Mitternacht die Tür öffnen werde.*

*In der Früh fand man ihn tot bei der Kellertür.*

Diese wunderbare Sage enthält Elemente einer Nahtoderfahrung wie den leuchtenden Tunnel ebenso wie das Symbolmotiv der Schlange, die den Schlüssel trägt. Der Zugang ist unterirdisch, also erdennah, ein symbolischer Verweis darauf, daß dieser Weg in eine erdennahe Jenseitssphäre führt – dem Saal voller Schätze. Diese Sage ist Bestandteil einer ganzen Reihe von Jenseits-Sagen wie z. B. der »Wilden Jagd« aus dem Waldviertel in Österreich. Markiert man die Sagenorte auf einer Karte, so wird ein mäandrierendes Band sichtbar: ein sogenannter Seelenweg.

Seelenwege verbinden verschiedene erdensphärennahe Jenseitsräume miteinander und werden in gewissen Abständen von Einstrahlpunkten und Engelsfokussen berührt. Natürlich kann sich auch ein nicht-inkarniertes Bewußtsein bewegen, wie es ihm beliebt. Seelenwege werden jedoch von geistiger Kraft »durchlichtet«. Stellen Sie sich vor, Sie wären nachts allein im Wald. Natürlich können Sie gehen, wohin es Ihnen beliebt, aber ein vom Mondlicht hell erleuchteter Kiesweg besitzt da schon eine starke Attraktivität gegenüber einem Gang durch den dunklen Wald. Ähnlich verhält es sich mit Seelenwegen. Sie sind vom Erdbewußtsein und von den Impulsen der Engelsfokusse »durchlichtet«. Hier bewegen sich daher »Exkarnierte« deutlich lieber als andernorts.

Die Abbildung 39 zeigt ein Geistwesen als Helfer, das eine verstorbene Nonne in einen Lichttunnel führt. Dieser jedoch führt nicht senkrecht

Abb. 39: Ein geistiges Wesen geleitet eine Nonne in einen horizontalen Lichttunnel. Giovanni di Paolo 1445

nach oben, sondern offenkundig horizontal. Ebenso gibt es, anders als die anfänglich beschriebene Nahtoderfahrung von Jason, die ein senkrechtes Nach-oben-Gezogenwerden im Tunnel beschreibt, auch Nahtoderfahrungen, die von der Erfahrung berichten, horizontal fortbewegt zu werden. So gibt der Hypnotherapeut Dr. Michael Newton einen Auszug einer Sitzung mit Todeserlebnis wieder:

>>Dr. N.: Können Sie genauer beschreiben, wie sich Ihre Seele diesen sich krümmenden Kontaktlinien entlang bewegt?

K.: Es ist einfach zielgerichteter... Wenn meine Seele auf einer Linie irgendwohin geleitet wird. Es ist, als wäre ich in einem Strom weißen Wassers ... nur nicht so dicht wie Wasser ... denn die Strömung ist leichter als Luft.<<

[38, S. 69]

Diese Erfahrung deckt sich sehr mit meinen Wahrnehmungen in Seelenwegen. Zudem gibt es im Brauchtum die Seelenlichter, die oft entlang solcher Seelenwege aufgestellt wurden (Abbildung 40). Dabei handelt es sich um bildstockähnliche Schreine, in denen ein »ewiges Licht« brennt. Solche Seelenlichter sind gleichsam wie Laternen auf dem Weg, und jede entzündete Kerze ist ein leuchtender Bewußtseinsimpuls.

Kirchen, in denen Seelenwege münden, sind an diesen Stellen oft mit Todessymbolen besetzt: Eine Pieta, das Stundenglas als »memento mori« oder die Heiligenfigur des Christopherus sind Symbole, die auf einen vorhandenen Seelenweg verweisen können. Christopherus trägt das Christuskind über den Fluß so wie der Fährmann die Verstorbenen über den Styx setzte. Christopherus ist ein Seelenführer. Es heißt: Wer Christopherus schaut, kann an diesem

Abb. 40: Seelenlicht als Wegweiser ins Jenseits, Wasserburg

Tage keines überraschenden Todes sterben. Mittelalterliche Darstellungen zeigen Christopherus mit einem Hundekopf (siehe Abbildung 3). Der Vergleich zum ägyptischen Totengott Anubis drängt sich geradezu auf!

Worin unterscheidet sich nun der »Totenweg« von der »Himmelsleiter«? Offensichtlich handelt es sich bei beiden »Wegen« um ätherische Phänomene, die sich durchaus real räumlich abbilden – auch die sogenannten »Leylines« oder »Seelenwege« können radiästhetisch wahrgenommen werden –, die aber nur von den Seelen Verstorbener oder von Schamanen gesehen werden. Während die Himmelsleiter oder *axis mundi* aber vertikal orientiert ist, ist der Schlangen- oder Seelenweg ein horizontaler. So schreibt auch der bereits erwähnte Religionswissenschaftler Mircea Eliade: »Stellen wir nur fest, daß für bestimmte Stämme, die zu den archaischsten zählen, die Toten in den Himmel kommen, daß aber die meisten ›primitiven‹ Völker zumindest zwei Reisewege nach dem Tode kennen, einen *himmlischen* für die Privilegierten und einen *horizontalen* für die übrige Menschheit.« [16]

Zwangsläufig müssen daher die Texte des ägyptischen Totenbuchs die »Schlangen« (den horizontalen Weg) als zu meiden beschreiben, waren sie doch überwiegend für die Adeligen, Priester und Pharaonen geschrieben! Die »Schlange«, der horizontale Seelenweg aber führt in erdennahe Jenseitsreiche, während der ägyptische Adel, wie die Texte des Totenbuchs vermuten lassen, kosmische Jenseitswelten bevorzugte.

## Ins Licht – Über die Arbeit mit dem, was bleibt

Der Mensch kennt verschiedene Phasen seiner Existenz: den vorgeburtlichen Zustand außerhalb und innerhalb des Mutterleibes, seine physische Existenz und den Seinszustand nach der Exkarnation, nach dem Tode. Die Erfahrungen von Robert A. Monroe [34, 35, 36] in zahllosen Außerkörperlichkeitserfahrungen beschreiben darüber hinaus noch weitere Seinszustände ohne physischen Körper.

Dennoch fürchten wir uns, wenn wir wahrnehmen, daß noch jemand bei uns ist. Und dies nur, weil er keinen physischen Körper besitzt?

Verschiedene Kulturen gehen unterschiedlich mit ihren Ahnen um. Wie beschrieben, hat man in China eine ganze geomantische Disziplin, das sogenannte Yin-Feng Shui, darauf ausgerichtet, Grabinstallationen zu konzipieren, die garantieren sollen, daß zumindest bestimmte Seelenanteile erdennah präsent bleiben, um die Unterstützung der Ahnen sicherzustellen. Ähnlich sieht es in schamanisch orientierten Kulturen aus. In unserer westlich-christlichen Kultur dagegen hat sich die Meinung herausgebildet, Verstorbene müßten möglichst schnell den Kontakt und die Kommunikation mit unserer Objektweltebene abbrechen. Tun sie dies nicht, sind sie »unerlöste Seelen«.

Sind physisch Lebende auch unerlöst, wenn sie durch Außerkörperlichkeitserfahrungen andere Seinsebenen besuchen? Wie ist also mit der spürbaren Präsenz eines Verstorbenen umzugehen? Aniela Jaffé schreibt: »Es handelt sich bei Spukerscheinungen anscheinend um schöpferische, mit dem Instinkt und der unbewußten Natur eng verbundene akausale Vorgänge, die sich nur mit großer Schwierigkeit in den Bereich des menschlichen Intellekts, d. h. in den Bereich von Zeit, Raum und Kausalität einfangen lassen. Sie geschehen, und wenn man genau hinsieht, sind sie nicht da. Das ist kein Beweis gegen ihr Vorhandensein, vielleicht aber ein Beweis für ihr Sein in einem Reich, das der Willkür des Bewußtseins, der Ichwelt, – vorläufig wenigstens – weitgehend entzogen ist.« [21b, S. 141]

Wir kommen darauf gleich noch zurück. Zunächst möchte ich jedoch drei in diesem Zusammenhang wesentliche Fragen klären, ohne die nicht zu verstehen ist, wie wir uns bei einem Kontakt mit Verstorbenen verhalten sollten:

- Was ist nötig, damit ein Kontakt zustande kommt?
- Was wird eigentlich wahrgenommen?
- Was ist zu tun?

Klären wir die Fragen der Reihe nach.

### Was ist nötig, damit ein Kontakt zustande kommt?

Um es kurz zu machen, es sind zwei Faktoren vonnöten: die Kommunikationsbereitschaft und die Kommunikationsfähigkeit.

Kommunikation umfaßt dabei nicht nur die verbale Sprache. Kommunikation beinhaltet alle möglichen Wege des Informationsaustausches. Dies können Worte sein, aber auch Gesten, symbolische Bilder, Gerüche und Geräusche, Emotionen, ja selbst ein kaum in Worte zu fassendes inneres Wissen (Intuition). Wirkliche Kommunikation wirkt dabei immer in zwei Richtungen. Sie ist ein Geben und Nehmen von Informationen. Streng genommen findet Kommunikation immer statt. Im Modell des neurolinguistischen Programmierens (NLP) bedeutet Kommunikationsbereitschaft, dem anderen in *seinem* Modell der Realität begegnen zu *wollen*.

Mit der Kommunikationsfähigkeit ist es schon ein wenig schwieriger. Sie setzt voraus, daß wir uns irgendwie äußern können und ein anderer dies auch wahrnimmt. Dies ist in der Regel zwischen physisch Lebenden und nicht inkarnierten Menschen nicht der Fall, weshalb ein getrenntes Leben gelebt wird. Ist der Kommunikationswunsch jedoch sehr stark, so wird die Resonanz verstärkt und alles daran gesetzt, die Kommunikation auch zustande zu bringen. Aniela Jaffé hielt daher Spukerscheinungen für schöpferische Vorgänge. Das heißt, die eigentliche Erscheinung oder Begegnung ist so bedeutsam, daß sie tatsächlich etwas Neues in uns erschaffen kann, uns verändert. Die Information ist für unser Seelenleben und die innere Entwicklung des physisch Lebenden oder Verstorbenen enorm wichtig, die Kommunikationsbereitschaft stark erhöht. Auf beiden Seiten! Auch wenn dies vielen physisch Lebenden, die von einem Kontakt mit Verstorbenen berichten, nicht immer bewußt ist (die Kommunikationsbereitschaft muß uns nicht bewußt sein!), ein Teil unserer geistig-seelischen Existenz schreit geradezu nach dieser Information, die uns im Innern wandeln kann.

Der Kontakt findet in der Regel dann statt, wenn die Fähigkeit zur Kommunikation am idealsten ist. Für die physisch Lebenden bedeutet dies in der Regel, dem Verstorbenen in *dessen* Realität zu begegnen. Nachts verändert sich unser Bewußtseinszustand. Die Betawellen des Gehirns nehmen ab, und unser Gehirn produziert verstärkt Alpha- und Theta-Rhythmen. Dies ist der Grund (und nicht etwa eine mystische »Geisterstunde«), daß die meisten Kontakte nachts zwischen 00:00 Uhr und etwa 3:00 Uhr morgens geschehen. Wir sind in dieser Zeit einfach offener. Oder wie Jaffé schrieb: Wir sind in einem Reich, daß der »Willkür des Bewußtseins, der Ichwelt [...] weitgehend entzogen ist«.

### Was wird wahrgenommen?
Fassen wir noch einmal vereinfacht zusammen, was »sterben« eigentlich bedeutet: Die physischen Körperfunktionen versagen, der Ätherkörper, oder wie Paracelsus ihn nannte, der elementarische Leib, löst sich vom physischen Körper ab. Dabei werden die in ihm gespeicherten Lebenserfahrungen für das Bewußtsein verfügbar. Die Lebensrückschau beginnt. Die Essenz daraus, das »Aha!«, wird mit in einen anderen Seelenanteil übernommen, den wir hier weiterhin »Gestirnsleib« nennen wollen.

Dieser Gestirnsleib begibt sich dorthin, wo die Welt sich so darstellt, wie er meint, daß sie ist oder sein sollte. Dieses Jenseitsreich kann ihm

»Himmel« oder »Hölle« sein. Grundsätzlich ist es jedoch einfach eine Frage der Resonanz und keine Belohnung oder Strafe. Wir erschaffen uns im Leben ja auch das Umfeld, in dem wir leben möchten. Warum sollte dies ohne physischen Körper anders sein? Halte ich alle Menschen für Egoisten, werde ich mich auch egoistisch verhalten, und da die Menschen dies merken, werden sie mich nicht unbedingt unterstützen. Ich habe eine »Hölle der Egoisten« erschaffen. Denke ich altruistisch, begegnen mir die Menschen ebenso, und ich habe einen »Himmel der Nächstenliebe« erschaffen.

Für solche Jenseitsreiche stehen u. a. die Planetensphären zur Verfügung. Jedes planetare Bewußtsein, inklusive das der Erde, schenkt dafür geistigen Raum oder, technisch ausgedrückt, »Speicherplatz« für virtuelle Welten, die mit dem geistigen Grundkonzept des jeweiligen Planeten harmonieren.

Auf seinem Weg zu seinem Jenseitsreich nutzt der Gestirnsleib verschiedene Wege: horizontale Seelenwege und Leylines, um zu Ahnenplätzen (erdsphärennahen Jenseitsreichen) und zu vertikalen Wegen zu gelangen, und Einstrahlpunkte und Engelsfokusse, um zu anderen Jenseitsräumen (u. a. planetaren) zu gelangen.

In diesem Prozeß kann es nun zu verschiedenen Störungen kommen:

Aus irgendeinem Grund löst sich der Ätherleib nicht auf, oder er wird von der Erdensphäre nicht aufgenommen. Der Gestirnsleib wandert zwar weiter, doch der Ätherkörper, der »elementarische Leib« mit all seinen abgespeicherten Lebenserfahrungen, bleibt bestehen. Der Volksglaube spricht in einem solchen Fall von einem »Phantom«. Nicht umsonst nennt ihn Paracelsus den »elementarischen Leib«. Er ähnelt nämlich sehr einem Elemental, wie wir es bereits besprochen haben.

Die Absorption des Ätherkörpers kann verhindert werden durch ein Todestrauma, eine Schocksituation, die den Gestirnsleib vom Ätherleib plötzlich getrennt hat, ohne daß eine Lebensrückschau stattfinden konnte; oder auch durch einen intensiven Wunsch im Sterbeprozeß, eine bestimmte physische Erfahrung noch einmal machen zu wollen. Der ganze Ätherleib bildet hierbei sozusagen das Elemental! Da der Ätherkörper jedoch alle Informationen der einst lebenden Person enthält, verhält er sich in der Regel auch so und setzt seine Erfahrung ein, um sein »programmiertes Ziel«, den »letzten Wunsch« zu erfüllen. Dabei kann es zu Poltergeist-Erscheinungen kommen, wie wir sie bereits bei den Elementalen besprochen hatten.

Die Unterscheidung zwischen einem solchen abgetrennten fortexistierenden Ätherleib, einem Ätherkörper mit präsentem Gestirnsleib, und einem Elemental kann unter Umständen schwierig sein.

Ich selbst hatte eine solche Erfahrung, in der ich mich nachts einem dunklen Wesen gegenüber spürte. Es war extrem dunkel, so daß ich selbst in der Dunkelheit der Nacht die noch finsteren Umrisse visuell erkennen konnte. Zunächst hielt ich dieses Etwas für einen Verstorbenen, dann meinte ich, ein Phantom zu erkennen. Trotz aller Ängste, die das Wesen in mir auslöste, konnte ich auch etwas Vertrautes erahnen. Ich spürte seinen Drang, mir nahe zu sein.

Zunächst wehrte ich es mit mentalen Blockaden ab. Doch das unterschwellige Gefühl der Vertrautheit gab mir den Mut, die mentale Mauer fallen zu lassen. Das Wesen trat auf mich zu und dann in mich hinein. Nach einem eiskalten Erschauern wurde mir bewußt, daß es sich um ein von mir selbst erschaffenes Elemental gehandelt hatte. Es war buchstäblich mein *Schatten*, der alles von mir Verdrängte, Gefürchtete, Abgelehnte, enthielt. Seit dieser tiefgreifenden Erfahrung hat sich mein Verhältnis zu dem, was »böse« oder »dunkel« ist, grundsätzlich gewandelt. Denn die Vervollständigung der Psyche enthält ein tausendfach höheres Erkenntnispotential als jegliche Abwehr des vermeintlich Bösen durch vermeintlich lichte Kräfte. In diesem Falle war der Unterschied zwischen dem Phantom eines Verstorbenen und einem Elemental nur marginal.

Anders verhält es sich schon wieder, wenn sich auch der Gestirnsleib nicht löst. Äther- und Gestirnsleib bleiben eine Einheit. Der Verstorbene bleibt präsent.

Äußerlich kann man in beiden Fällen auf jeden Fall eine Erd-Ätherhaut in annähernd menschlicher Gestalt feststellen, die z. B. als ein leichter Widerstand im Raum zu erspüren ist. Der Unterschied in der Wahrnehmung besteht zwischen beiden Fällen darin, daß das Phantom, also der gestirnsleiblose Ätherkörper, oft nicht wirklich zu kreativen »Gedanken« fähig ist. Alles ist auf die Erfüllung des Wunsches ausgelegt.

Die Kommunikation mit einer vollständigen abgelösten »Seele« dagegen ähnelt viel stärker der mit einem lebenden Menschen.

Schließlich gibt es die dritte Möglichkeit, daß der Verstorbene sich vollständig gelöst hat, der Ätherkörper sich auflöste und der Gestirnsleib weitergewandert ist. Nun jedoch kehrt er aus bestimmten Gründen zurück zu erdnahen Sphären. Gründe können z. B. sein, daß Ereignisse eingetreten sind, die ihn veranlassen, z. B. lieben Freunden oder Verwandten beizustehen, diese selbst in einem Sterbevorgang zu unterstützen, oder aber auch die nahe Reinkarnation. In einem solchen Falle ist kein Erdätherfeld wahrnehmbar. Es gibt also ganz verschiedene Formen, in denen unsere Ahnen und ihre Seelenanteile erscheinen können. Diese Form entscheidet zum Teil mit, was zu tun ist.

### Was ist zu tun?

Die Frage muß zunächst lauten: Ist überhaupt etwas zu tun? Nicht jede Seele ist »unerlöst« und muß »ins Licht geschickt« werden! Und nicht in jedem Fall hätte dies einen Sinn. Meine persönliche Antwort auf die Frage, ob etwas zu tun ist, wenn ein Verstorbener im Raum wahrgenommen wird, ist: Herrscht ein Leidensdruck vor? Nur wenn dies der Fall ist, und zwar seitens der Verstorbenen oder der Lebenden, würde ich mich zum Handeln aufgerufen fühlen.

Manche Ahnen bleiben erdennah, weil sie den geistigen Raum der Erde, Gaias, schätzen, weil sie eine Person oder einen Ort behüten, oder einfach, weil es ihnen gefällt. Herrschen bei physisch lebenden Menschen Ängste vor, weil sie die Anwesenheit der Ahnen irgendwie wahrnehmen, es besteht aber kein anderweitiger Leidensdruck, ist es Aufgabe des Beraters, eher mit den Lebenden zu arbeiten. Man sollte akzeptieren, daß es auch diese Seite unserer Existenz gibt und daß dies nichts ist, wovor man sich fürchten muß. Ggf. kann man auch Vereinbarungen treffen, z. B. daß bestimmte Räume wie das Schlafzimmer von den Ahnen nicht betreten werden, um den Lebenden Rückzugsräume zu gewähren. Mehr sollte man nicht tun, denn alles Bewußtsein hat ein Recht auf seine Existenz und sein »Leben«.

Herrscht jedoch ein Leidensdruck, so gebietet das Herz, hier helfend einzugreifen. Leidensdruck kann auf beiden Seiten herrschen. Aber auch hier sind es sehr häufig die physisch Lebenden, die wirklich leiden. Der Kontaktwunsch und die Kontaktversuche seitens der Ahnen können zu heftigen Träumen führen, zu Spukerscheinungen im Haus bis hin zu physischen Attacken. Eine Klientin wurde sogar beim Betreten ihres Hauses hinausgeworfen! Solche Erscheinungen können zu einer heftigen Belastung für die Lebenden werden.

Wichtig ist, dennoch zu erkennen, daß eine beidseitige Resonanz besteht. Auch hier ist die Kommunikationsbereitschaft auf beiden Seiten des »Schleiers« da, auch wenn dies den Lebenden nicht bewußt ist. Eine Arbeit in solch heftigen Fällen bezieht dabei stets die Lebenden mit ein. Unter Umständen kann es für diese hilfreich sein, ihre eigene Kommunikations- bzw. Wahrnehmungsfähigkeit zu dämpfen. Mentaltechniken, die gezielt in bestimmte Bewußtseinszustände führen, können dabei helfen.

Aber dies ist nur eine erste Hilfe. Es empfiehlt sich, herauszufinden, was im physisch Lebenden die unterschwellige Bereitschaft für den Kontakt hervorruft. Ist da auch ein verdrängtes Ereignis? Ein schlechtes Gewissen? Eine vermeintliche Schuld? Geht die betroffene Person einem unbewußten Muster folgend in eine Opferhaltung? Im gegebenen Fall kann hier die begleitende Arbeit mit einem Psychotherapeuten durchaus hilfreich sein.

Die Betreuung der »anderen Seite« ist Aufgabe des Geomanten oder medialen Beraters. Um was handelt es sich dabei? Was ist die Ursache der Erscheinung?

Ein Phantom »ins Licht schicken« zu wollen, hat wenig Sinn, da es weder bereit noch fähig ist, diesen Weg zu gehen. Grundsätzlich ähnelt die Arbeit der mit einem Elemental. Nur: Es ist niemand mehr da, der den Wunsch in sich zurücknehmen und das Elemental dadurch auflösen könnte. Die wirksamste Praktik besteht daher in diesem Falle darin, den Wunsch, die »Programmierung«, herauszubekommen und, soweit möglich, zu erfüllen. Hierzu gibt es eine nette Geschichte:

*Ein indischer Guru übte mit seinen Schülern einmal ein mehrwöchiges strenges Fasten. Keinem der Schüler war es erlaubt, auch nur die kleinste Kleinigkeit zu essen. Eines Nachts weckte der Guru seine Schüler mit lautem Geschrei. Sie sollten aufstehen und ihm Linsen zubereiten. Er duldete keine Widerworte und trieb seine Schüler zu größter Eile an. Als sie das Linsengericht fügsam zubereitet hatten, verschlang der Guru dieses mit großem Heißhunger. Die Schüler wunderten sich sehr über dieses Verhalten, war der Meister doch als sehr asketisch bekannt.*

*Als der Guru das Mahl bis auf den letzten Bissen verschlungen hatte, wurde er der fragenden Blicke seiner Schüler gewahr. Er forderte einen von ihnen auf, nach einem Schüler zu sehen, der nicht mit in der Runde war. Wenige Minuten später kam der Abgesandte mit betrübtem Blick zurück. Der betreffende Schüler sei wohl in der Nacht gestorben, erklärte er seinen Mitschülern. Da nickte der Guru: »Ich habe dies wahrgenommen«, so sprach er, »und der letzte Wunsch des Sterbenden war nach dem langen Fasten noch einmal das Linsengericht essen zu dürfen. Wäre er mit diesem Wunsch gestorben, so hätte dies Karma aufgebaut. So nahm ich seine Seele in mich auf und erfüllte ihm den Wunsch, auf daß er in Frieden sterben könne.*

Der Guru hatte ein sich bildendes Phantom durch die Erfüllung des Wunsches wieder aufgelöst. In der Tat kann das Erfüllen des meist körperlich orientierten Zieles, soweit dies möglich ist, den Bann brechen, so daß sich der Ätherkörper meist selbständig auflöst. Gegebenenfalls kann man die Auflösung dann durch Reinigungen wie Räuchern mit Salbei unterstützen, und der Spuk verschwindet.

Gänzlich anders ist das Vorgehen, wenn auch der Gestirnsleib noch präsent ist. In den allermeisten Fällen ist eine tiefe Verwirrung die Ursache. Aus dieser heraus wird der Weg nicht gefunden, der Verstorbene wähnt sich noch lebend und versteht nicht, daß plötzlich alles so anders ist.

Die Psychologin Aniela Jaffé schreibt dazu: »Zeit und Raum sind Funktionen des Bewußtseins; sie verlieren ihre absolute Gültigkeit, je schwächer das Bewußtsein wird und um je tiefere Schichten des Unbewußten es sich handelt.« [21b, S. 144] Der Tod kann uns in der Tat mit sehr tiefen Ebenen des Unbewußten in Kontakt bringen. Aber auch der

Schlaf ist dazu fähig. Vielleicht kennen Sie eine solche oder ähnliche Situation: Sie werden aus dem Tiefschlaf gerissen, weil ein lautes Geräusch Sie weckt oder Sie auf die Toilette müssen. Geistig nicht vollständig in unserer Raumzeit, stehen Sie auf. Dort müßte die Tür sein! Doch Sie rennen gegen eine Wand. Sie tapsen umher, finden keinen Lichtschalter. Wo ist die Tür geblieben? Sie schlagen sich an der Schrankkante an, Panik keimt auf... Wenn sich Ihr Bewußtsein seinen Weg in unsere Raumzeit gebahnt hat, erkennen Sie: »Oh! Ich bin ja im Hotel und nicht zu Hause!«

Die Raum- und Zeitverhältnisse sind in einem solchen Zustand verloren oder verzerrt. Vergangenheit und Gegenwart fließen ineinander, links und rechts können vertauscht sein. Dies führt zu so aberwitzigen Situationen wie in diesem Witz:

Ein Betrunkener torkelt über die Straße. Er stößt gegen eine Litfaßsäule. Als er sich wieder aufgerappelt hat, tastet er sich an ihr entlang und umrundet sie. Einmal, zweimal, dreimal. Schließlich sinkt er verzweifelt zusammen und schluchzt: »Verflucht! Eingemauert!«

Was ich damit sagen will: Unser Bewußtsein kennt schon im physischen Körper die unmöglichsten Verwirrungen. Ein plötzlicher Tod kann zu genau solchen Zuständen führen. Das wichtigste ist in einem solchen Fall, sich genauso zu verhalten, wie gegenüber einer lebenden Person: zu beruhigen, zu klären, zu führen. Erst nach und nach wird der Verstorbene bereit sein, tatsächlich seine Augen zu öffnen. Er muß erst ganz »erwachen« bzw. »ausnüchtern«, um zu erkennen, wo und wie er ist. Erst jetzt hat es einen Sinn, Wege zu weisen.


Was heißt nun »ins Licht«? Auch hier sollten wir uns freimachen von den Scheuklappen unserer Kultur. Es geht nicht darum, den Verstorbenen in eine bestimmte uns richtig erscheinende Jenseitswelt zu schicken! »Gut ist das Gegenteil von gut gemeint«, wie es so schön heißt. Ist der Geist geklärt und der Verstorbene »bei Bewußtsein« (Sie merken, unsere Sprache reicht einfach nicht in ihrer Mehrdeutigkeit!), so kann man ihm Wege weisen. Als Geomant orientiere ich mich in der Regel erst, wo sich in der Nähe Einstrahlpunkte, Engelsfokusse, Seelenwege und Ahnenplätze befinden. Ich lasse dann in mir das klare Bild und Gefühl dieser Orte entstehen und baue so eine Art geistiger »Wegbeschreibung« oder »Beschilderung« auf, über die sich der Verstorbene orientieren kann, um seinen Weg zu finden.

Ist kein intaktes Phänomen in der Nähe, ist es auch möglich, aus sich selbst heraus solche Verbindungen zu verschiedenen Jenseitssphären zu schaffen, um einen kurzzeitigen Weg aufzubauen. Doch sollte dies wirklich nur kurz sein, und man sollte anschließend darauf achten, das geschaffene Portal wieder zu schließen. Ansonsten bleibt es als Verlockung bestehen und wird über kurz oder lang andere Wesen anziehen. Diese müssen nicht »böse« sein, doch wer will schon einen »Seelenbahnhof« in seinem Haus?

Dies kann an dieser Stelle nur ein kurzer Abriß über die Arbeit mit Verstorbenen sein. Die Arbeitsweise ist so vielfältig wie die Natur. Die Präsenz eines Gestirnsleibes braucht in der Regel keine große Arbeit, da sie häufig nur von kurzer Dauer ist. Allerdings kann es das dringende Anliegen geben, eine bestimmte Information zu übermitteln, die der Klient nicht fähig ist wahrzunehmen. Andere Fälle wiederum bedürfen dauerhafter Installationen, weil ein vorhandener Seelenweg gestört oder blockiert ist. Vor all diesen Maßnahmen sollte aber die Frage aus dem Gralsmythos stehen: »Bruder, woran leidest du?«

### Übung: Bin ich? Habe ich?

Um mit physisch nicht lebenden Menschen in Kontakt zu kommen, ist es, wie wir gesehen haben, von großer Wichtigkeit, seine *Kommunikationsfähigkeit* zu verbessern. Dazu müssen wir uns bewußt in einen anderen Bewußtseinszustand führen. Die folgenden beiden Übungen helfen uns, uns aufnahmebereiter und offener zu machen.

Suchen Sie sich einen stillen Ort. Ein Platz in der Nähe eines Ahnenplatzes oder Seelenweges wäre natürlich ideal. Kirchen und Kapellen, die z.B. der Heiligen Katharina geweiht sind, sind oft auf Plätzen gebaut, die einst als Ahnenräume Verehrung gefunden haben. Aber natürlich kann diese Übung auch im eigenen Wohnzimmer vollzogen werden.

Sorgen Sie dafür, daß alle eventuellen Störer beseitigt sind: Schalten Sie das Telefon ab, ebenso das Mobiltelefon, die Haustürglocke usw.

Machen Sie es sich bequem, aber nicht so, daß Sie einschlafen; zu sitzen ist daher besser als zu liegen.

Nun spüren Sie in sich hinein. Nehmen Sie Ihren Körper wahr. Wie fühlt er sich an? Sind Verspannungen da? Fühlt er sich warm oder kalt an? Spüren Sie die Sitzfläche unter sich, die Kleidung auf der Haut, eventuelle Luftbewegungen, wenn Sie diese Übung im Freien machen.

Nun spüren Sie mit einer fragenden Haltung nach: *Sind* Sie dieser Körper? Oder *haben* Sie diesen Körper? Beantworten Sie die Frage nicht intellektuell vorschnell! Spüren Sie nach! Identifizieren Sie sich mit diesem Körper, oder fühlt er sich an wie etwas, das Sie benutzen und nutzen? Ist da etwas jenseits dieser Körperlichkeit?

Nun spüren Sie Ihren Gefühlen und Emotionen nach. Wie fühlen Sie sich gerade? Aufgeregt? Ruhig? Zentriert? Ängstlich? Alle Gefühle sind in Ordnung. Sie müssen keines wegschieben. Beobachten Sie Ihre Emotionen. Auch wenn Sie innerlich sehr ruhig sind, ist auch das ein Gefühl!

Nun spüren Sie wieder in einer fragenden Grundhaltung nach: *Sind* Sie dieses Gefühl? Oder *haben* sie es? Ist da etwas, mit dem Sie sich identifizieren, jenseits der Gefühle, die gerade da sind? Spüren Sie nach! Nicht intellektuell antworten! Versuchen Sie sanft dieses »Etwas« jenseits der Gefühle zu erahnen.

Schließlich beobachten Sie Ihre Gedanken: Was geht Ihnen gerade durch den Kopf? Erlebnisse des Tages? Gedanken zu dieser Übung? Wiederum geht es nicht darum, die Gedanken zu beruhigen oder wegzuschieben! Beobachten Sie die Gedanken einfach aus einer anderen Perspektive, lassen Sie es geschehen.

Wiederum fühlen Sie nun nach: »*Bin* ich diese Gedanken? Oder *habe* ich diese Gedanken?« Identifizieren Sie sich tatsächlich vollständig mit dem wahrgenommenen Gedankenstrom? Was kann dann die Gedanken beobachten? Tasten Sie sich sanft spürend vorwärts...

Wenn Sie nicht Ihr Körper *sind*, nicht Ihre Gefühle und nicht mal Ihre Gedanken... Was bleibt dann...? Erahnen Sie innerlich dieses »Etwas« jenseits der offensichtlichen Existenz.

Wenn Sie dadurch eine Ahnung, ein erfühltes »Etwas« wahrgenommen haben, dann verweilen Sie in diesem Zwischenzustand.

Versuchen Sie aus diesem heraus den Raum um sich wahrzunehmen. Ist da etwas Ähnliches erspürbar? Ist da noch etwas, das sich so anfühlt, wie dieses Etwas, das Sie sind – jenseits von Körper, Gefühlen und Gedanken...?

Wenn ja, haben Sie Kontakt zu einem »Verstorbenen«.

Gehen Sie zur Beendigung der Übung den umgekehrten Weg: Erleben Sie bewußt Ihre Gedanken, Ihre Gefühle und schließlich Ihren Körper. Spannen Sie die Muskeln mehrfach an und entspannen sie wieder. Bewegen Sie Ihren Körper, springen Sie auf und ab und kommen Sie wieder ganz im Körper an. Es hilft, auch etwas zu essen. Sie wissen: Essen und Trinken hält Leib und Seele zusammen! Besonders »erdend« sind z. B. Kartoffeln, aber auch Schokolade.

## Übung: Körperportale in die Jenseitswelt

Die Kelten waren der Ansicht, daß die Wesensessenz im Kopf ihren Sitz hätte. Keltische Krieger schlugen – geachteten (!) – Feinden den Kopf ab und lagerten die Schädel als Trophäe, aber auch als Ehrenbezeugung dem anderen großen Krieger gegenüber.

Die Ägypter legten dem mumifizierten Leichnam einen Skarabäus aus Jade oder Fayence in den Mund, um zu verhindern, daß das »Ka« des Verstorbenen, der persönliche Seelenanteil, den Paracelsus »ele-

mentarischer Leib« nannte, den physischen Körper verließ.

In der Tat gibt es ein »Fenster«, ein »Portal«, das uns mit der Existenz jenseits des Physischen verbindet. Es ist eine Art Resonanzzone zu anderen Seinszuständen. Dieser Bereich befindet sich tatsächlich in Höhe des geöffneten Mundes am Hinterkopf, dort, wo der Hals in den Schädel übergeht. In China wird diese Zone »Jadekissen« genannt. (Abbildung 41)

Abb. 41: Das Jadekissen am Hinterkopf. Körperportal für die Jenseitserfahrung

Setzen Sie sich wieder aufrecht und vermeiden Sie, soweit es geht, Störungen. Werden Sie innerlich still. Atmen Sie einige Male tief ein und aus und lassen Sie mit dem Ausatmen alles abfließen, was Sie derzeit beschäftigt.

Nun gehen Sie mit Ihrer Aufmerksamkeit an den Hinterkopf. Stellen Sie sich vor, dort wäre ein Fenster, eine Tür oder eine Knospe. Wenn Sie innerlich bereit sind, öffnen Sie sanft das Fenster oder die Tür, lassen Sie die Knospe sich zur Blume entfalten. Nehmen Sie ein Bild, das Ihnen gefällt.

Nun nehmen Sie den Raum um sich herum durch dieses »Fenster« wahr. Was können Sie erspüren? Erhalten Sie innere Bildeindrücke? Nehmen Sie zunächst alltägliche Gegenstände »durch diese Öffnung« wahr: den Stuhl, den Schrank, einen Baum usw. Dann nehmen Sie den Raum *zwischen* den Objekten wahr – ist da noch mehr?

Die Übung läßt sich wunderbar mit der zuvor beschriebenen Übung »Bin ich? Habe ich?« verbinden: Wenn Sie durch diese in den Zustand gekommen sind, wahrzunehmen, was Sie jenseits von Körper, Gefühlen und Gedanken sind, schauen Sie in diesem Zustand durch das geöffnete Fenster am Hinterkopf.

Schließen Sie zum Abschluß der Übung bewußt die »Tür« wieder, lassen Sie die »Blume« sich schließen usw. Spüren Sie bewußt Ihren Körper und kommen Sie wieder ganz in *unserer Realität* an.


# Von der Präsenz des Göttlichen

Wir haben nun viel gehört von Engeln als den Boten und Erscheinungsformen des Göttlichen, von Naturwesen als Ausdruck des Erdbewußtseins und von verschiedenen Bestandteilen der menschlichen Seele. All diese Erscheinungen können sicherlich als Ausdruck eines höheren Bewußtseins, als »Geschöpfe Gottes« gelten. Ist es daher sinnvoll von einer »Präsenz des Göttlichen« an sich zu sprechen? Vielleicht nicht, aber, ob sinnvoll oder nicht, manchmal ist es einfach die stimmigste Umschreibung für das, was einem auf der Erfahrungsebene begegnet.

Kehren wir noch einmal zurück zur Beschreibung der Drei Welten (Abbildung 1). Von der »Präsenz des Göttlichen« können wir sprechen, wenn etwas, das der Paradieswelt, vielleicht sogar einem »Ort« oder Zustand jenseits dieser »Welt«, entstammt, sich quasi unmittelbar in unserer Objektwelt zeigt oder hier erfahrbar wird. Einerseits ist dies paradoxerweise eigentlich nicht wirklich möglich, da jeder geistige Impuls die Ätherebene zu einer Resonanz, zu einer »Schwingung« anregt, doch die geistig-seelische Erlebbarkeit scheint so unmittelbar, so ungefiltert, daß ihre Umschreibung fast keine Zwischenebene zuläßt.

Ich hatte die Metapher erwähnt, wonach jeder geistige Impuls – z. B. eines Naturwesens – einem Stein gleicht, der ins Wasser – die Ätherebene – geworfen wird, um dort auf den Grund zu sinken – die Objektwelt. Dieses Durchdringen verwirbelt das Wasser stark. Wenn wir in diesem Bilde bleiben, so gleicht die Erfahrung der unmittelbaren Präsenz des Göttlichen einem sehr dünnen, aber äußerst stabilen Draht, der nahezu senkrecht mit hoher Geschwindigkeit auf den Grund gestoßen wird. Diese spezielle Art der Durchdringung der ätherischen Ebene verursacht nur sehr wenige Turbulenzen. Es scheint, als wäre der Draht plötzlich und unmittelbar am Grund eingetroffen.

Diese spezifische Art der Durchdringung ist nur deshalb möglich, weil die Kraft selbst in einer unglaublich hohen Resonanz zu unserem innersten Wesenskern steht. Sie berührt uns dort, wo wir im Grunde unseres Wesens selbst göttlich sind.


## Gott und Götter

Wie im Kapitel *Wenn Götter zu Geistern werden* beschrieben, ändern sich mit den Zeiten und Kulturen durchaus auch die Vorstellungen von dem, was als göttlich betrachtet wird. Einstige Götter gerieten in Vergessenheit oder wurden zu bloßen Gehilfen oder gar zu bösen Geistern uminterpretiert wie Pan zum Teufel.

Was einst unser innerstes Wesen berührte, erscheint später nur als ein Aspekt von vielen. Dies zeigt, daß auch die menschliche Seele einer (spirituellen) Evolution unterliegt.

Ist auch der christlich-monotheistische Gott eine solche Geisteskraft, die dereinst als Relikt einer vergangenen Geistesepoche seinen »Lebensabend« als verkümmertes Wesen fristen wird? Was die christlichen Werte, die unsere Kultur zur Zeit noch so stark prägen, angeht, ist dies sehr wahrscheinlich. Das spezifisch Christliche – der Impuls der Nächstenliebe oder die spirituelle Seelenentwicklung höher einzuschätzen als äußere religiöse Gesetze, wie dies Jesus forderte – wird, so es von der menschlichen Seele absorbiert wurde und somit als selbstverständlich akzeptiert ist, seine Dringlichkeit in der Menschheitsentwicklung verlieren, und andere, neu zu erlernende seelische Perspektiven werden die Spiritualität dominieren.

Dennoch hat mit dem Schritt zum Monotheismus – ob dieser sich nun in Judentum, Christentum oder Islam ausdrückt – die Menschheit eine völlig andere Seinshaltung eingenommen. Während in der Antike einzelne Urkräfte, Archetypen sozusagen, als göttlich erfahren wurden, wurde der Mensch einer Präsenz hinter diesen Archetypen gewahr: eines alles erfüllenden Bewußtseins, das das ganze Universum durchdringt.

Abb. 42: Donatus von Münstereifel. Sein Attribut – der Blitz – identifiziert ihn als christliche Version des Donar/ Thor.

Insofern ist der monotheistische Gottesbegriff sicher ein völlig anderer als z. B. der der Antike. »Gott« ist nicht mehr einfach ein Singular der Götter, er »gebiert« diese sozusagen.

Die einzelnen früher verehrten Götter stellen sich damit als einzelne Urkräfte des All-Einen Bewußtseins dar, und die Menschheit hat sich sozusagen um eine Bewußtseinsstufe erhoben. Damit sollen Religionen wie der Hinduismus nicht im geringsten abgewertet werden, denn auch in ihrer Mythologie ist die Existenz einer höheren Bewußtseinskraft bereits verankert: Brahma.

Diese Hinwendung zu einem derartigen übergeordneten alles durchdringenden und damit alles umfassenden Prinzip ist jedoch für das alltägliche Erleben fast nicht durchsetzbar. Die einzelnen Archetypen, die geistigen Urkräfte

Abb. 43: Der Mont Saint Michel, ein kegelförmiger Berg mit bis in die Jungsteinzeit zurückrei-
chender Kulttradition

in ihren vielfältigen Facetten, bestimmen zu stark unser alltägliches
Erleben, darum fanden diese im Katholizismus in einer schier unüber-
schaubaren Zahl von Heiligen einen neuen Platz im religiösen System.
Viele alte Götter wurden so im christlichen Gewande neu verehrt, etwa
der Heilige Donatus, dessen Attribut der Blitz ist und der niemand anderes ist als der germanische Donar (Thor). (Abbildung 42).

Diese göttlichen Kräfte, diese Archetypen, diese »Götter« können sich
nun in der Tat an bestimmten Orten manifestieren. An solchen Plätzen
wird damit ein bestimmter Aspekt des übergeordneten göttlichen Bewußtseins spürbar, der sich u. a. auch in topographischen Lagen ausdrückt. So finden sich christliche Michaelskirchen als Fortführung alter
Wodans-Heiligtümer sehr häufig auf (meist kegelförmigen) Bergen
(Abbildung 43). Näheres zu den Attributen der Götter und ihren christlichen Entsprechungen können Sie meinem Buch *Die Kraft des Ortes*
[8] entnehmen.

In der Antike, vor allem in römischer Zeit, wurden vor allem Götter
verehrt, die mit den Planeten assoziiert wurden. Dies hat seinen Grund.
Nicht nur, daß die Planeten, die Wandelsterne, als über die himmlischen

137

Zyklen erhaben erschienen und im Gegensatz zu den Fixsternen der Sternbilder scheinbar frei über das Firmament streiften, sondern wie wir gesehen haben, stellen die Planeten unseres Sonnensystems in der Tat, wie die Erde auch, Bewußtseinsräume dar, die der Mensch im Inkarnationsprozeß durchwandert bzw. die ihm im Sterben als Jenseitsräume bestimmter Färbung dienen können. Insofern sind die hinter den physischen Planeten stehenden Wesen sicherlich »Götter«.

Nun interagieren diese auch untereinander. Einstrahlpunkte können auf der Erde als Brücken zwischen den verschiedenen Urkräften, den Planeten, dienen. Im Sterbeprozeß werden sie als Kanäle, als »Tunnel« erfahrbar. An Orten, an denen sich solche planetaren Einstrahlpunkte oder andere Resonanzpunkte planetarer Kräfte verorten, kann die geistige Kraft einer solchen Wesenheit weit über das eigentliche räumlich begrenzte Phänomen hinaus erfahrbar werden. Der »Gott« berührt Teile unseres Wesens, innere seelische Archetypen in uns, die mit seiner Kraft in Resonanz stehen. Hier werden wir mit der Urkraft des Planeten ebenso konfrontiert wie mit der entsprechenden Urkraft unserer Seele.

Auf der ätherischen Ebene aber ist – bis auf die ätherische Präsenz einer Energiesäule mit einer Haut aus Erd-Äther – kaum eine Besonderheit gegenüber anderen Orten feststellbar; jedenfalls nicht auf der Ebene der vier Elementeäther. Betrachtet man jedoch die planetaren Äther, so zeigt sich vor Ort eine allgemeine Dominanz der entsprechenden planetaren Kraft. Hier kann man davon sprechen, daß Mars, Merkur oder Venus präsent sind.

## Die Göttin – ein weiblicher Gott?

Ähnlich wie der monotheistische Gott nicht nur der Singular aus einer Schar von Göttern ist, sondern gleichsam ein neues, andersartiges Denken voraussetzt, so ist auch die Göttin nicht einfach ein weiblicher Gott. Sie ist die Shekina, die weibliche Seite Gottes, also ein bestimmter alles durchdringender Gottesaspekt.

In der kleinen Kirche Urschalling im Chiemgau ist die heilige Dreifaltigkeit als Fresko abgebildet. (Abbildung 44) Beim genauen Hinsehen jedoch entpuppt sich der Heilige Geist als die Darstellung einer Frau –

die »Heilige Geistin« sozusagen. Was sich hier klammheimlich in die christliche Ikonographie eingeschlichen hat, ist eben jene weibliche Seite Gottes.

Die Göttin setzt der linearen Dreiheit patriarchaler Trinität eine zyklische Dreiheit entgegen. Es sind die drei Urerfahrungen unserer Existenz auf Erden:

- Das Geistige (der Impuls)
- Das Physische (die Körperlichkeit und Fruchtbarkeit)
- Das Seelische (die Wandlung)

Diese drei Urprinzipien materieller Existenz sind aus matriarchaler Zeit auch als die weiße, die rote und die schwarze Göttin bekannt. Gemeinsam bilden auch sie eine – allerdings zyklische – Dreieinigkeit, in der sich ein Lebensaspekt in den anderen

Abb. 44: Die heilige Dreifaltigkeit mit der »Heiligen Geistin« im Zentrum. Der Heilige Geist als das Göttlich-Weibliche. Der Faltenwurf des Gewandes deutet eine Vulva an. Fresko Urschalling

wandelt: Auf die Idee, den geistigen Impuls (weiß) folgt die Verkörperlichung, das Erleben physischer Lusterfahrung (rot) und auf diese die Wandlung, das Stirb und Werde, das die Seele in den Mittelpunkt rückt (schwarz). Diese drei Seinsaspekte durchziehen unser Leben und sind allgegenwärtig, ja spiegeln gleichsam unsere Existenz auf Erden wider: Auf die Inkarnation des Geistes (weiß) folgt das Erleben der eigenen Körperlichkeit (rot). Dieses gebiert die Seelenerfahrung unseres Lebens und den Wechsel in andere Seinszustände (schwarz).

Die »Göttin« ist damit schlichtweg *die* Erfahrung physischer Existenz schlechthin. Sie ist die *magna mater*, die Große Mutter, die *MATER*ie.

Abb. 45a: Die Wallfahrtskapelle von Altötting mit der Schwarzen Madonna

Abb. 45b: Lourdes. Hier wird die jugendliche »weiße« Madonna verehrt.

An bestimmten Orten fokussiert sich das Bewußtsein der Materie, das Erdbewußtsein, in besonderem Maße: Dazu zählen so wunderbare Orte wie die Gnadenkapelle von Altötting, Maria Eich in Planegg bei München, Kevelaer, Maria Stein bei Basel oder auch Lourdes. (Abbildung 45 a+b) Während die Katholische Kirche ihnen als Wallfahrtsstätten Mariens huldigt, erkennt die Volksfrömmigkeit durchaus unterschiedliche Aspekte der göttlich-weiblichen Kraft. So zeigt sich in der Schwarzen Madonna von Altötting der Wandlungsaspekt der Göttin. Die ganze Kapelle ist in Schwarz und Silber – der Farbe des wandelbaren Mondes

– gehalten. In der Gestalt der jungen in weiße Gewänder gehüllten Madonna von Lourdes dagegen zeigt sich ihr »jungfräulicher«, d. h. nicht oder kaum von der physischen Existenz berührte weißer Aspekt. An solchen Orten wird unmittelbar ein Teilaspekt des Erdbewußtseins erfahrbar. Dies sind sogenannte Göttinnen-Fokusse. Ein solcher Göttinnen-Fokus entspricht einem Bewußtseinskanal des Wesens Gaia selbst. Sie ist auch insofern mythologisch unsere Mutter, weil sie uns einen physischen Körper als Erfahrungsraum schenkt, wie auch die leibliche Mutter Materie bildet, in die sich das Bewußtsein eines Kindes inkarnieren kann.

Je nach Teilaspekt erleben wir an einem Göttinnen-Fokus einen völlig anderen Aspekt des Makrowesens Gaia: die freie engelsgleiche Geistigkeit der Erde, die Körperlichkeit, körperliche Freude und Kreativität (= Schöpferkraft) oder den irdischen Seelenraum, die Jenseitssphäre der germanischen Hel.

Je nach Teilaspekt werden wir hier aber auch Teilaspekte unserer selbst gegenwärtig: unserer Geistigkeit, Körperlichkeit oder wandelbaren Seelenhaftigkeit.

**Tabelle: Die Dreiheit der Göttin**

| Weißer Aspekt | Roter Aspekt | Schwarzer Aspekt |
|---|---|---|
| Kosmisch | Kreativität | Wandel |
| Geistiger Impuls | Eros | Loslassen |
| »unbefleckt« von Materie | Fruchtbarkeit | Transformation (Neubeginn) |

Beispiele für diese drei Göttinnenaspekte sind die drei Parzen oder auch die drei Nornen. Im Griechischen verkörpert Demeter den roten Aspekt, Persephone den schwarzen und Kore den weißen. In christianisierter Form erkennen wir die drei Aspekte in den »Drei Saligen« wieder, den drei »Beten«: Ambet (rot), Wilbeth (schwarz) und Borbet (weiß). Noch stärker christianisiert finden wir die drei Aspekte in den »Drei Heiligen Madeln« Margarethe (rot), Katharina (schwarz) und Barbara (weiß), und letztendlich auch in drei Frauen um Christus (z. B. die drei Frauen am

Grabe). Selbst Maria erscheint in ihrer Verehrung in drei Gestalten: als »Maria lactans«, als stillende Maria, eine eher seltene Abbildung, die Maria in ihrem roten Aspekt wiedergibt, als »Pieta« mit dem toten Christus im Schoß (schwarzer Aspekt) und als Jungfrau – wie z. B. die verehrte Lourdes-Madonna – in ihrem weißen Aspekt.

So läßt sich unsere gesamte Wirklichkeit in die Aspekte göttlich-weiblicher Dreiheit einordnen.

**Tabelle: Archetypen der Dreiheit**

|  | WEISS | ROT | SCHWARZ |
|---|---|---|---|
| *Jahreszeit* | (Vor-)Frühling | Sommer/Ernte | Herbst/Winter |
| *Gestirne* | Sonne | Erde | Mond |
| *Mondphase* | Neumond (zunehmend) | Vollmond | Abnehmender Mond; Schwarzmond |
| *Lebensphase* | KINDHEIT: Unschuld; Immerwährende neue Erkenntnisse | REIFE/ELTERN-SCHAFT: Sich reproduzieren; Erschaffen; Handeln | ALTER: Weisheit Wandeln Loslassen |
| *Dantien (Qi Gong)* | Oberes Dantien (Kopf) | Unteres Dantien (Sexualzentrum/ Hara) | Mittleres Dantien (Herz) |
| *Zentren (keltisches WYDA)* | Mentalfeld | Vitalfeld | Emotionalfeld |
| *Geomantisches Prinzip* | Axis Mundi (Weltenachse) | Alignment/Ley | Omphalos/Mitte |

# Erdbewußtsein und die Kraft der Materie

Wir sind in unserer durch und durch christlich geprägten Kultur gewohnt, das Geistige dem Himmel zuzuordnen, der Erde aber nur Stofflichkeit zuzuweisen. Doch die Materie ist alles andere als nur stofflich. Wie wir bereits bei den Gedanken Rupert Sheldrakes gesehen haben, ist die Stofflichkeit und ihre morphische Entwicklung alles andere als willkürlich: [Die morphischen Felder] »sind selbst organisierende Ganzheiten«.

Der Darwinismus lehrte, daß die Artenvielfalt durch zufällige Mutationen entstanden sei und daß sich die jeweilige Mutation durch einen ökologischen Vorteil gegenüber dem ursprünglichen Genotyp auszeichnete, weshalb sie sich durchsetzte. Dieser Gedanke hat einen Fallstrick, der so dick ist, daß man sich wundert, daß er überhaupt übersehen werden kann.

Nehmen wir beispielsweise die Entwicklung von Flügeln bei Insekten. Die Wahrscheinlichkeit, daß sich durch zufällige Mutationen flugtaugliche Flügel entwickelt haben sollen, gleicht schon der vielberühmten Metapher eines Affen, der willkürlich auf den Tasten einer Schreibmaschine herumhämmert und dabei zufällig den Roman »Krieg und Frieden« schreibt. Aber gut, nehmen wir es dennoch an. Dennoch erfolgt die Entwicklung des Flügels in zahllosen Mutationen. Das Dumme ist nur: Ein Flügelstummel hat eben keinerlei ökologischen Vorteil, er hätte sich nicht durchgesetzt. Nur das fertige, voll flugtaugliche Insekt besitzt Vorteile, die seine flügellosen Artgenossen nicht haben. Wie hätte sich also der Flügel überhaupt entwickeln können? Nein, es muß ein teleologischer, ein zielgerichteter Impuls hinter der Evolution gesteckt haben. Die Materie und ihre Evolution ist sinnhaft, nicht zufällig.

Unser Körper funktioniert vollständig ohne bewußte Beeinflussung. Es gibt Personen, die Monate, gar Jahre lang im Koma lagen und bis auf die Nahrungszuführung vollständig lebenstauglich blieben. Der Körper atmete von selbst, das Herz schlug, Magen und Darm verdauten... Auch ohne unseren Geist »weiß« unser Körper offenbar, was er zu tun hat. Die Materie ist sinndurchdrungen!

Unsere Zellen gleichen sich im embryonalen Stadium wie »ein Ei dem anderen«. Dennoch teilen sich Zellen so, daß daraus ein vollständiger

Mensch entsteht. Woher »weiß« die »Nasenzelle«, daß sie eine solche werden soll und nicht etwa eine »Fingerzelle«? Die Materie ist sinndurchdrungen.

Sheldrake machte für solche evolutionären Entwicklungen und Formenstehungsprozesse der embryonalen Entwicklung die »morphischen Felder« kausal verantwortlich. Doch diese agieren eben nicht zufällig, sie agieren intelligent. »Sie enthalten ein Gedächtnis, daß durch Eigenresonanz einer morphischen Einheit mit ihrer eigenen Vergangenheit und durch Resonanz mit den morphischen Feldern aller früheren Systeme ähnlicher Art gegeben ist. Dieses Gedächtnis ist kumulativ«. Die Materie ist sinnhaft!

Die *Materie* bietet uns einen Körper, ein Gefäß, einen *Gral*, durch den wir eine bestimmte Bewußtseinserfahrung durch- und erleben können. Wir steigen aus der reinen Geistigkeit (weiße Göttin) in die Materie, inkarnieren uns, werden kreativ, werden schöpferisch aktiv, indem wir Produkte erschaffen, Ideen erschaffen, Kinder zeugen,... (rote Göttin). Wir wandeln uns, verändern uns, sterben und steigen wieder auf mit den Geschenken der Erfahrung (schwarze Göttin). In diesem ganzen Prozeß werden wir von der Kraft und Intelligenz des Erdbewußtseins geleitet und begleitet.

Das Hauptgeschenk an uns ist jedoch meines Erachtens *die Kraft der Abtrennung*: In unserem physischen Körper sind wir nicht mehr vollbewußt verbunden mit dem All-Einen. Wir sind getrennt, abgesondert, in »Sünde«. »Sünde« leitet sich ab aus dem germanischen (altnordischen) »sund« und meint »das Gewesensein«. Es nimmt Bezug auf die »Leugnung«, die Abtrennung vom Zustand des All-Einen. Insofern, ja, leben wir in »Sünde«. Wir haben eine »Erbsünde«. Allein das Geborensein, trennt uns ab. Aber: Was das Christentum in seiner starken Kosmos-Orientierung als negativ wertet, ist wahrhaftig ein Geschenk, denn erst dadurch werden bestimmte Erfahrungen möglich. Stellen Sie sich alle Musikinstrumente der Welt vor – die gleichzeitig alle Musik der Welt spielen. Was ist wahrnehmbar? Eine gewaltige Kakophonie, ein allgemeines »Rauschen«. Die Abtrennung erst ermöglicht, einem Instrument, einer Melodie zu folgen und die ganze Schönheit und emotionale

Berührung dieser Melodie zu erleben. Durch die Abtrennung werden die erfahrenen Dinge »schärfer«, wie durch eine Linse betrachtet. Sicher, dadurch entgeht uns vieles, aber wir können unser Bewußtsein ganz einer Erfahrung zuwenden.

Dies ist auch gehirnphysiologisch so. In der Tat empfängt unser Gehirn rund 600 000 Informationseinheiten pro Sekunde! Das materielle Organ des Hirns wirkt jedoch als Filter, so daß uns nur 5 bis 9 Informationseinheiten pro Sekunde bewußt werden. – Und daraus lassen wir eine »Melodie« entstehen.

Dies ist das Geschenk der Göttin. Es berührt uns, verändert uns, und unser Geschenk an das Universum, an Gott ist, diese individuelle und einzigartige Erfahrung am Ende zu teilen. Aus der Kakophonie wird eine große »Mediathek«.

## Übung: Der Geist der *Materie* in uns

Dieser geistigen Kraft, der Intelligenz des Erdbewußtseins, zu begegnen, ist nicht schwer. Sie ist in uns. Jede Zelle, jedes Organ ist von ihr durchdrungen. Wir müssen uns ihr nur zuwenden.

### Freiraum schaffen

Achten Sie wieder darauf, ungestört zu sein. Schalten Sie das Telefon und alle möglichen Störer aus.

Zunächst schaffen wir *Freiraum*: Spüren Sie einen Moment in sich hinein. Was bewegt Sie gerade? Was beschäftigt Sie? Ist da eine Arbeit, die unbedingt erledigt werden muß? Ein Gespräch, das darauf wartet, geführt zu werden? Ist da ein Ärger über einen vergangenen Konflikt? Spüren Sie nach und geben Sie jedem dieser Gefühle Aufmerksamkeit.

Dann stellen Sie sich vor, wie Sie dieses Gefühl nach draußen bewegen. Sie erinnern sich: E-motion = Das, was hinausbewegt wird. Sie können diesem Gedanken, diesem Gefühl ein symbolisches Bild geben, aber es ist nicht zwingend. Wichtig ist, jedem der Gefühle, die Sie gerade beschäftigen, Raum und damit Anerkennung zu geben.

»Stellen« Sie dann das Gefühl an einen Platz um sich herum: Den Ärger vielleicht vor Ihnen oben rechts, die unerledigte Arbeit unten links usw. Spüren Sie nach, wo es sich gut und richtig anfühlen würde. »Stellen« Sie diese Gefühle, die Sie beschäftigen, so weit von sich weg, daß Sie einen inneren Freiraum spüren. Dringliche Dinge werden sich vielleicht »wehren«, zu weit weggestellt zu werden. Sie sollen nicht in die »Rumpelkammer« verbannt werden, sondern lediglich so weit von Ihnen entfernt, daß Sie einen Gefühlsfreiraum erhalten.

Ist da noch etwas? Stellen Sie auch dies an einen Platz um sich herum.

Wie geht es Ihnen jetzt? Freier? Ruhiger? Gut. Dann können wir uns der eigentlichen Übung zuwenden.

### Der Geist der Materie in uns

Spüren Sie in Ihren Körper hinein. Wenn Sie möchten, können Sie eine essenzielle Frage in den Fokus rücken. Etwas, das Ihr Wesen und Ihren Lebensweg betrifft. Es muß aber nicht sein. Wie fühlt sich diese Frage für Sie an? Wo im Körper spüren Sie die Frage? Beschreiben Sie das Gefühl. Finden Sie einen Begriff, der dafür paßt: zusammenziehend, nervös, entspannt, warm usw....

Haben Sie gerade keine essenzielle Frage, so beschreiben Sie Ihren allgemeinen Gefühlszustand. Wo spüren Sie sich am besten? Wie fühlt sich das an?

Nun stellen Sie sich vor, wie aus Ihrer Wesensmitte heraus eine Verbindung zur Erdenmitte hin entsteht. Es können Wurzeln sein, die Ihren Körper durchziehen, sich mit der Erde verbinden und tiefer und tiefer wachsen. Oder vielleicht behagt Ihnen das Bild eines Lichtstrahles mehr, der in Ihrer Wesensmitte entspringt, den Körper durchleuchtet und schließlich über Ihre Fußsohlen tief, tief, tief in die Erde eindringt.

Atmen Sie über diese Wurzeln, diesen Lichtkanal, die Kraft der Erde in sich ein. Stellen Sie sich vor, wie mit jedem Atemzug die Kraft der Erde mehr und mehr in Sie eindringt; so als sei Ihr Körper ein Gefäß (der Gral), der vom Erdbewußtsein erfüllt wird... bis Ihr Körper, Ihr Organismus, jede Zelle, davon erstrahlt.

Nun wenden Sie sich wieder ganz Ihrem Körper zu. Gibt es einen Bereich im Körper, eine Zone, eine Stelle, die »reagiert«? Die sich »besonders« anfühlt? Wenden Sie Ihre Aufmerksamkeit diesem Körperraum zu. Wo fühlen Sie es? Wie fühlt es sich an? Finden Sie einen beschreibenden Begriff.

Sie sind nun in Kontakt mit dem Erdbewußtsein, das auch Ihr Körperbewußtsein ist. Verweilen Sie in diesem Körperraum. Wenn Sie eine essenzielle Frage hatten, finden Sie nun hier Antwort. Wie fühlt sich dieser Körperraum an? Erinnert Sie dieses Gefühl an etwas? Ein Erlebnis? Eine Situation? Eine Person? Wenn Sie einen beschreibenden Begriff für das Körpergefühl gefunden haben, sagen Sie ihn an diese Körperzone zurück. So, als sei es eine andere Person. Ist der Begriff richtig? Wenn ja, wird eine erleichternde, »aufatmende«, weitende Reaktion an dieser Körperstelle einsetzen. Verweilen Sie weiter.

Fragen Sie (die Körperzone): »Ist da noch mehr?« Und warten Sie eine Reaktion, ein Gefühl ab. Finden Sie dafür eine Beschreibung, sagen Sie diese zurück in den Körperraum, bis er paßt. Die entstehenden Gefühle und letztlich die beschreibenden – passenden – Begriffe, die Erlebnisse, die Ihnen einfallen – all dies sind Antworten des Erdbewußtseins auf Ihre essenzielle Frage oder einfach Botschaften an Sie. Eine Kommunikation des Körpergefühls.

Haben Sie Ihre Antworten, Ihre Botschaft erhalten, so versuchen Sie diese zu bewahren. Oft hilft ein Bild, eine Farbe oder Form, die die Botschaft gut ausdrückt, als »Anker«, wenn Sie diese mit der Botschaft verbundenen Gefühle später wieder heraufholen wollen. Bewahren Sie das Bild. Schließen Sie die Übung behutsam ab und kommen Sie zurück in den Alltagszustand.

Wenn es jetzt noch wichtig ist, können Sie die zuvor beiseitegestellten Bedürfnisse, Arbeiten, Gedanken usw. wieder in sich aufnehmen.

Wenn Sie gelernt haben, so mit Ihrem Körperwissen zu kommunizieren, haben Sie einen wertvollen Berater für das Leben und anfallende notwendige Entscheidungen gefunden. Der Prozeß nennt sich *Focusing*.

Mit dem spezifischen Gefühl des Erdbewußtseins können Sie an besonderen Orten mit einem Göttinnen-Fokus – z. B. einem Marien-wallfahrtsort – mit der Göttin in unmittelbaren Kontakt treten und kommunizieren. Aber natürlich geht dies prinzipiell an jedem Ort, denn sie ist ja überall. Dennoch ist es eine besondere Erfahrung, eine solche Übung in der Gnadenkapelle von Altötting, auf dem Mont Sainte Odile oder einem anderen Göttinnen-Ort zu probieren.

# Das Unsichtbare wird sichtbar

Wir haben viel vom Geistigen und Seelischen gesprochen, von Realitäts-ebenen, die zweifelsohne da sind, schließlich denken und fühlen wir. Dennoch sind sie unsichtbar. Wir können sie fühlend wahrnehmen, aber in der Regel bleiben sie unserem physischen Auge verschlossen. In der Regel...

Dennoch kommt es vor, daß sich geistig-seelische Kräfte auf besondere Art und Weise bis ins Physisch-Materielle hinein manifestieren, daß sie auf die eine oder andere Weise sichtbar werden.

## Wasser – Pflanze – Stein

Im Physischen reagieren vor allem jene Mittler, die für das Ätherische besonders offen und resonanzfähig sind. Zum einen ist das Wasser ein solcher Mittler. Die Bilder des Japaners Masaru Emoto ebenso wie die Dunkelfeldmikroskopie nach Kröpplin zeigen, wie schnell Wasser auf geistige Impulse reagieren kann. Nicht umsonst wird die Ebene der Bildekräfte auch als »Wasserwelt« bezeichnet, und Viktor Schauberger entdeckte viele Gesetze des Ätherischen durch die Bewegungsweise des Wassers. Abbildung 46 b stammt von Ernst Braun [5]. Es zeigt ein-drucksvoll, in welcher Intensität Wasser befähigt ist, Informationen, ja letztlich Bewußtsein, aufzunehmen und darauf zu reagieren, ja sogar zu kommunizieren: Ein Fläschchen Wasser wurde auf die Zeichnung des »Vitruvianischen Menschen« von Leonardo da Vinci gestellt,

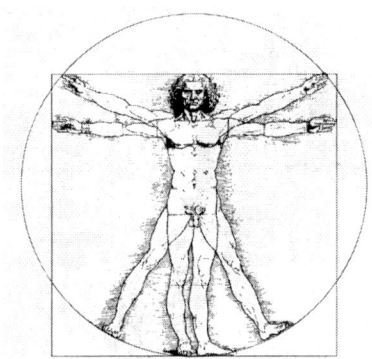

Abb. 46a + b: Ein Fläschchen Wasser wurde auf das Bild des »Vitruvianischen Menschen« von Leonardo da Vinci gestellt. Ein Tropfen davon wurde von E. Braun gefroren und fotografiert: Das Wasser antwortet!

anschließend eingefroren und fotografiert (Abbildung 46 a + b). Das Resultat spricht Bände. Das Wasser sagt uns: »Ich kann dich verstehen, kann hören, was du sagst, was du denkst und fühlst.« Wasser reagiert auf Bewußtsein!

In der Natur kann es so zu bestimmten Zeiten und an bestimmten Orten zu Wolkenbildungen von großer symbolischer Tiefe kommen (Abbildung 47 a - c). Wasser besitzt eine starke Resonanzfähigkeit auf die ätherischen Bildekräfte. So

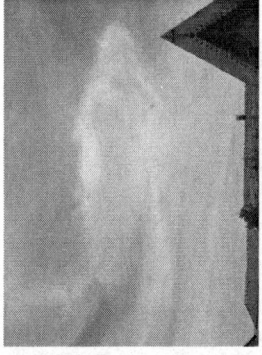

Abb. 47a: Wolkenbild der Madonna über dem Marienerscheinungsort Medjugorje. b+ c: Wolkenengel

149

Abb. 48a: Der »Pan« im Schlosspark Türnich ist Sitz eines Naturwesens.
b + c: Baumgesichter als Ausdruck des Ortsgenius

entstehen Wolkenformationen, die Gestalten nachzubilden scheinen. Freilich befriedigt dies den analytischen Verstand nicht sehr, weiß man doch aus den Tintenklecks-Versuchen, dem Rohrschachtest, daß die menschliche Psyche in beinahe allen Formen Bedeutung zu erkennen sucht. Die Realität einer symbolischen Wolkenformation wird damit erst wieder über die gefühlte Authentizität zu einer akzeptierten Wirklichkeit. Diese allerdings ist für das erlebende Individuum unumstößlich.

Der andere »Mittler« ätherischer Kräfte im Physischen sind

Abb. 49a: Der Blaue Stein gilt als Sitz des »Randengeistes«. Die »Randen« sind ein Landschaftsraum nördlich von Schaffhausen.
b: Felsengesicht Slowenien.

150

die Pflanzen. Hat sich ein geistiges Wesen dauerhaft an einem Ort fokussiert, so kann sich die Bildkraft des Ätherischen bis in die andauernde Form des Baumes hinein manifestieren. Insbesondere Plätze mit starker Elementarwesenpräsenz weisen oft Baumformen auf, die an Körperformen, ja Gesichter erinnern. (Abbildung 48 a - c) Wieder stellt sich dem analytischen Verstand aber die Frage der Zufälligkeit, die nur über das unmittelbare Ortsempfinden beantwortet werden kann.

Das gleiche gilt für eine Materialisation bis in den Stein hinein (siehe dazu auch Abbildung 9). Doch es ist und bleibt ein tiefes, eindrückliches Erlebnis, seine gefühlte Erfahrung einer Wesenspräsenz im Stein manifestiert zu sehen.

### Wenn die Erde leuchtet...

Ein völlig anders geartetes Phänomen sind sogenannte »Erdlichter« (Abbildung 50a+b). Diese wurden häufig in der Nähe von Kirchen und Kultstätten gesichtet oder wie z. B. im Falle des Marienerscheinungsortes Medjugorie sogar gefilmt. Auch im Marienerscheinungsort Fatima

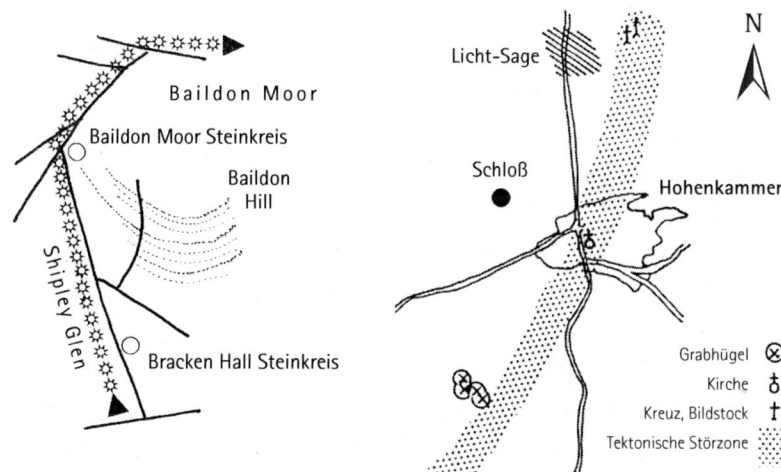

Abb. 50a: Steinkreise und ihre Beziehung zu Lichterscheinungen und geologischen Verwerfungen

Abb. 50b: Beziehung von Hügelgräbern, Kirchen, Feldkreuzen und Lichterscheinungen zu geologischen Verwerfungen

151

Abb. 51: Das Sonnenwunder von Fatima. Glasbild

sind sie zentraler Bestandteil des Ortsmythos: Beim berühmten »Sonnenwunder von Fatima« am 13. Oktober 1917 wurde im Beisein einer großen Menschenmenge eine solche Lichtkugel gesehen, die als »zweite Sonne« gedeutet wurde.

Die Aborigines Australiens nennen diese Lichtkugeln »minmin«, in Afrika werden sie »aku«, in Indien »chota adonis«, in Malaysia »pannangal« genannt [12].

Wissenschaftlich anerkannt ist die Existenz der Lichtkugeln, die etwa 50 cm bis 1,50 Meter Durchmesser haben. Sie besitzen ein starkes elektromagnetisches Feld, das in der Tat auch auf unser Gehirn wirken kann. So konnte Lucia, die näher an der Lichtkugel in Fatima stand, im Licht die Jungfrau Maria sehen und mit ihr sprechen. Francisco hörte dagegen zwischen den Fragen seiner Cousine nur ein elektrisches Summen. Die abseits stehende Menschenmenge dagegen konnte nur eine kreisende Lichtkugel sehen.

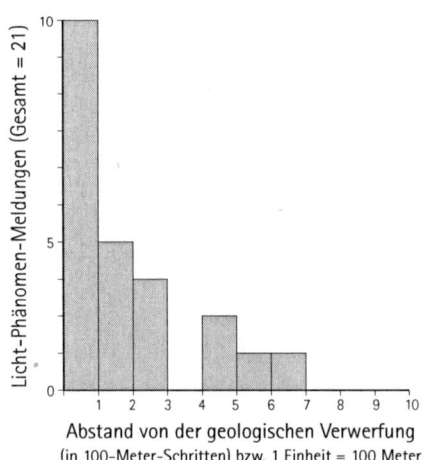

Abstand von der geologischen Verwerfung
(in 100-Meter-Schritten) bzw. 1 Einheit = 100 Meter

Abb. 52: Beziehung von gesichteten Lichtkugeln zur Nähe von geologischen Verwerfungen nach P. Devereux

Man könnte also die Marienerscheinung als eine Halluzination unter Einfluß eines elektromagnetischen Feldes deuten. Die Wintu-Indianer Kaliforniens nennen die Lichtkugeln auch »Geistesser«, da Personen, die zu nahe an eine solche Lichterscheinung herantreten, eine teilweise oder vollständige Amnesie erleiden können.

152

Doch bleibt bei der Theorie einer induzierten Halluzination eine Frage offen: Es wird nämlich immer wieder berichtet, daß die Erdlichter, die in der Nähe geologischer Verwerfungen entstehen, mit dem Bewußtsein interagieren können. Ebenso in Fatima: Die Seherkinder hatten nämlich bereits im Mai 1917 eine solche Erscheinung. Bei dieser erfuhren sie das exakte Datum und den Ort, wann die Erscheinung wieder auftreten würde (nämlich 13.10.1917). An diesem Tag ereignete sich das »Sonnenwunder«. Wie kann eine »Halluzination« ein exaktes Datum vorhersagen, wann eine physikalische Erscheinung eintreten wird? Handelt es sich bei den mit seismischen Aktivitäten des Erdkörpers in Zusammenhang stehenden Erdlichtern vielleicht um Manifestationen des Erdbewußtseins über geologischen Spalten und Verwerfungen?

## Und wieder Kugeln – ORBS

In den vergangenen Jahrzehnten kam es verstärkt zu einer Manifestation vollkommen anders gearteter Lichterscheinungen – den sogenannten ORBs. »ORB« meint in der Regel kreisförmige lichtreflektionsähnliche Erscheinungen, die auf Fotos verewigt werden. Kritiker halten sie schlicht auch für dies, eben Lichtreflektionen. Da die häufigsten Aufnahmen der ORBs bei Nacht und mit Blitzlicht gemacht werden, halten Kritiker die Lichtkugeln für Reflektionen von Staub oder Wassertröpfchen.

Der Photograph und ORB-Forscher Ed Vos weist jedoch in seinem Buch »ORBs und andere Lichtphänomene« [48] sehr anschaulich nach, daß sie eben dies nicht sein können. Eventuell vorhandene Wassertröpfchen, Staubpartikel, u.a. müßten sich sehr nahe am Objektiv befinden, um in der fotografierten Größe zu erscheinen. Dann aber würde die Reflektion des Blitzes sie sehr hell bis fast weiß erscheinen lassen.

Abb. 53: ORBs

Eben dies sind sie aber in der Regel nicht. Oft sind ORBs, die größer auf den »Film« gebannt wurden, dunkler als kleinere ORBs und Kugeln im Hintergrund heller. Daher kann es sich nicht um Blitzlichtreflektionen handeln. Auch sind ORBs deutlich zu unterscheiden von Reflektionen bei Gegenlichtaufnahmen, da diese in der Form abhängig sind von der Form der Blende. Aufgenommene ORBs unterscheiden sich jedoch in ihren Formen. Sie sind rund, manchmal aber auch fünf- oder sechseckig, obgleich mit derselben Kamera, sprich derselben Blende aufgenommen.

Auch bei ORBs scheint zudem eine unmittelbare Bewußtseinskommunikation möglich. Man kann sie bitten, in einer bestimmten Farbigkeit zu erscheinen und findet tatsächlich entsprechende Abbildungen beim Betrachten der Bilder. Ed Vos übersetzt daher das Kürzel ORBs als »other reality beeings«, als Wesen einer anderen Wirklichkeit. (Abbildung 53)

Meines Erachtens sind ORBs keine bestimmten Wesenheiten, sondern Ausdruck einer geistig-seelischen Präsenz am Ort, gleichgültig, ob nun Elementarwesen, Engel, Elemental oder Seelenanteil. Ich selbst nehme an bestimmten Orten im Raum schwebende »Kugeln« wahr, die ich für mich selbst »Bewußtseinskugeln« nenne, da an diesen Orten auf der Gefühlsebene ein geistiges Wesen spürbar wird. Kugeln sind einfach die kompakteste und daher stabilste Form. Ein Wassertropfen bildet beim Fallen eine Kugel, da alle Kräfte auf alle Wassermoleküle gleich stark wirken. Ein Eindringen geistiger Kräfte aus der Paradiesweltebene in die Objektwelt bewirkt ebenfalls eine starke Einwirkung der Naturgesetze aus allen sechs Richtungen (vier Himmelsrichtungen + Oben und Unten). Eine Kugel bietet hier die stabilste Form. Möglicherweise handelt es sich bei ORBs um Erstimpulse der ätherischen Ebene beim Eintreten in die Objektwelt-Realität.

## Abbildung unsichtbarer Wesen

Die erstaunlichste Sichtbarmachung unsichtbarer Wesen ist sicherlich die photographische Abbildung figürlicher und energetischer Erscheinungen. Die Photographien in den Abbildungen 54a+b gelangen dem Geomanten Gerhard Fischer bei der Kontrollwahrnehmung einer geo-

Abb. 54 a + b: Nebelartige Erscheinung in der Mitte einer Steinsetzung in Rastenberg

mantischen Installation in Rastenberg (Waldviertel, Österreich). Hier wurde mit drei massiven Steinsetzungen ein »Seelenportal« geöffnet, um die Verbindung eines gestörten Seelenweges in Jenseitsreiche hinein wieder zu öffnen. Das erste Foto (Abbildung 54 a) zeigt eine kugelförmige Nebelerscheinung im Zentrum des Steindreiecks. Das zweite Foto (Abbildung 54 b) zeigt mich – den Autor – wie ich der Funktionstüchtigkeit der Installation noch einmal nachspüre. Der kugelförmige Nebel interagiert und dehnt sich nach unten in Richtung meines Körpers aus!

Andere erstaunliche photographische Aufnahmen zeigen voll ausgebildete ätherische Wesen.

Abbildung 55 a zeigt offenbar eine Art Wassergeist, 55 b soll während eines Gottesdienstes am Marienerscheinungsort Medjugorje in Herzegowina gemacht worden sein. Abbildung 55 c wurde vom Berufsphotographen Captain Provand 1936 gemacht. Es wurde in Raynham Hall

Abb. 55a - c:
Fotografien von Geistwesen

(England) aufgenommen, wo seit dem 17. Jahrhundert immer wieder von der Erscheinung im Herrenhaus berichtet wird. Phänomen oder Fake (Schwindelei)?

In einer Zeit, in der Spezialeffekte zum A und O eines guten Filmes gehören, ist die Manipulation photographischer Aufnahmen nicht schwierig. Die Skepsis gegenüber solchen Photographien ist daher verständlich. Es bedarf umfassender Analysen, um eventuelle Tricksereien zu erkennen. So wir diese nicht selbst vornehmen können, bleibt die Abbildung so oder so eine Sache des Vertrauens – der Person gegenüber, die sie zufällig gemacht hat, oder dem Analytiker gegenüber, der das Bild untersucht hat. Erstaunlich bleibt das Phänomen für mich allemal.

## Kommunikation mit der künstlichen Intelligenz

Mit dem Entstehen der Computertechnologie, ja ganzen Netzwerken bis hin zum weltweiten Internet, haben wir im Grunde eine künstliche Intelligenz erschaffen. Auch dieses »Bewußtsein« reagiert offenbar auf die Einwirkung geistig-seelischer Kräfte. Die Forschungen von Grazyna Fosar und Franz Bludorf nutzen Zufallsgeneratoren in Computern und Computernetzwerken, um die Interaktion von geistig-seelischen Kräften mit erzeugten zufälligen Graphiken aufzuzeigen. Es kommt sozusagen zu einer »Störung des Zufalls«. Der Zufall ist unvorhersehbar bzw. unkontrollierbar. In der Naturwissenschaft spricht man von Zufall, wenn sich ein Ereignis der wissenschaftlichen Berechenbarkeit entzieht.

Fosar und Bludorf nutzen die »Störungen des Zufalls«, also ein Abweichen vom statistischen Mittel, um die geistig-seelischen Auswirkungen von emotionalen Massenereignissen auf Zufallsgeneratoren zu belegen. Dabei ermitteln die Computer zufällige Zahlenwerte, die sich üblicherweise in einer Graphik im statistischen Mittel als ein Rasterbild, als »Rauschen« zeigen. Erstaunlicherweise zeigen geistige Fokussierungen vieler Menschen und heftige emotionale Ereignisse nicht nur eine deutliche Veränderung der Zufallswahrscheinlichkeit, sondern Bilder von großer symbolischer Tiefe:

»Ende des Jahres 2001 lief die Warschauer Friedensmeditation unter dem Thema ›Liebe‹. Es war das Jahr, als wir zum ersten Mal das neue Verfahren ausprobierten, und das Ergebnis war gleich eine Bombe: Tatsächlich traten im Rasterbild Stellen auf, die stärker geschwärzt waren als die Umgebung, und diese Stellen hatten die Form von *Herzen*, also einem geradezu archetypischen Symbol der Liebe!

Mehr noch: Die Herzsymbole waren auf dem Bild nicht etwa regellos verteilt, sondern folgten einer bestimmten Anordnung. Quer über das Bild erstreckte sich – nur schwach erkennbar – ein relativ großes Herz, an dessen Rand sich weitere Herzen manifestierten, andere auch ineinander verschachtelt im Innern des großen Herzens.« [17, S. 228 f] (Abbildung 56 a + b). Die vernetzte künstliche Intelligenz konnte also sichtbar machen, was im Geistigen geschah. So abstrakt Darstellungen und Versuch sind, so sehr überzeugt gerade sie den Verstand von Kritikern...

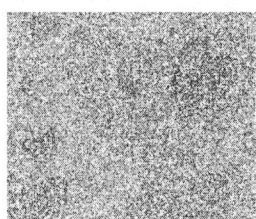

Abb. 56a + b: Rasterbild aus Zufallsgenerator während einer »Liebes-Meditation« (links). Die rechte Grafik macht die Verteilung der einzelnen Herzen schematisch deutlich. Nach Fosar/Bludorf

# Schlußbetrachtung:
# Unser Leben im Lebendigen

## Was heißt hier »übernatürlich«?

Der Raum um uns ist erfüllt von Geistigkeit, er ist durchpulst von Lebendigkeit und von Beseeltheit durchtränkt. Unsichtbare Wesen beleben ihn. Viele halten sie für übernatürlich, weil sie in unserer mentalen, technisierten und oft sinnentleerten *Zuviel-isation* nicht oder nur unbewußt wahrgenommen werden. Doch nicht alles, was physisch unsichtbar ist, entzieht sich all unseren Sinnen.

Wenn Sie verliebt sind, spüren Sie das. Wenn Sie um einen geliebten Menschen trauern, fühlen Sie es. Die Naturwissenschaft sieht veränderte Hormonspiegel, chemische und elektrische Impulse im Organismus. Doch dies wird der enormen seelischen Ergriffenheit der Verliebtheit oder Trauer nicht gerecht. Manche Gefühle gar bleiben auch den Mikroskopen und Elektroenzephalogrammen der Naturwissenschaft verborgen. Sind sie deshalb »übernatürlich«? Nein, sie gehören zur Natur des Menschen und der Erde. Auf eine gewisse Weise sind andersherum Mikroskope, EEG und Computertomographie übernatürlich. Sie haben einen Abstraktionsgrad der Wahrnehmung erreicht, der nur noch dem Verstand zugänglich ist, nicht aber unserer erlebten Emotion, nicht unserem Gefühl.

Der kinästhetische Sinn ist der erste, der sich evolutionär und in der individuellen Entwicklung eines Menschen gebildet hat. Wenn ein Embryo noch weit davon entfernt ist, hören oder gar sehen zu können, hat es bereits einen Sinn für Berührung entwickelt. Bereits im sechsten Monat reagiert es sichtlich auf sanfte Berührung. Wenn wir aber die Präsenz eines Wesens spüren, dies jedoch nicht sehen, so ist das übernatürlich? So gesehen gibt es keine übernatürlichen Sinne, nur natürliche.

Merkwürdig ist, daß wir abstrakten Zahlen auf einem Computerausdruck mehr trauen als einer unmittelbaren Wahrnehmung. Daß wir –

Spezialeffekten in Hollywood und virtuellen Realitäten im Computer zum Trotz – mehr an das glauben, was wir sehen, als an das, was wir fühlen. Doch der Raum um uns ist spürbar lebendig. Die Lebendigkeit, die Beseeltheit, umgibt uns in jeder Pflanze, jedem Tier, jedem Menschen. Sie umgibt uns in den morphischen Feldern, die das Organische, ja selbst das Mineralisch-Kristalline wachsen lassen und formen.

»Animismus« – diesem Wort haftet etwas Verruchtes an, eine abfällige Wertigkeit, die Ausdruck einer Arroganz des Mentalen ist. Doch die Welt ist beseelt! Nicht nur um uns, sondern auch *in* uns. Jede Zelle ist durchdrungen vom Geist der *Mater*ie. Unser Körper besitzt eine eigene Art von Bewußtsein. In psychischen Techniken wie dem »Focusing« werden wir uns dessen gewahr. Einige der Übungen in diesem Buch konnten Ihnen vielleicht auch solche Wahrnehmungen vermitteln. Sie konnten vielleicht erahnen, wie bewußtheitserfüllt Ihr Körper, Ihre Seele und auch der Raum um Sie herum ist. Wenn nicht, mag dies vielleicht diese letzte Übung tun.

### Übung: Wesenhaftes umgibt uns

Stellen Sie sich in eine Menschenmenge. Besuchen Sie an einem Samstag die Fußgängerzone Ihrer Stadt, nutzen Sie das Warten in einer Menschenschlange, wenn Sie um Konzertkarten anstehen, üben Sie in der überfüllten U-Bahn oder im Bus: Schließen Sie die Augen. Gehen Sie in Ihre Mitte – dorthin, wo Sie sich ganz bei sich, ganz authentisch fühlen.

Atmen Sie ein-, zweimal tief in Ihre Mitte. Dehnen Sie dann mit der Atmung Ihre Mitte aus wie einen Ballon, den Sie aufblasen. Weiten Sie sich in den Raum um sich herum. Spüren Sie die Menschen? Versuchen Sie, nicht zu hören oder zu sehen. Können Sie die Sie umgebenden Menschen *spüren*? Ihre Präsenz, ihre Gegenwart, das Pulsen der Lebendigkeit, die Beseeltheit Ihrer Wesen?

Üben Sie dies einige Male, bis Sie tatsächlich die Menschen um sich fühlen können.

Nun vollziehen Sie dieselbe Übung bei sich zu Hause, allein, im Zimmer oder an einer einsamen Stelle im Wald. Dehnen Sie Ihre Mitte, Ihre Bewußtheit aus in den Raum um sich. Was wird nun fühlbar? Ist da etwas, eine Präsenz, eine Gegenwart, ein Pulsen der Lebendigkeit, eine wahrnehmbare Beseeltheit?

Trauen Sie Ihren Gefühlen! Sie sind unmittelbarer und um Jahrmillionen weiter entwickelt als der visuelle Sinn oder gar als der Verstand, der evolutionär erst sehr spät entstandenen Großhirnrinde. Trauen Sie Ihrer Wahrnehmung. Wenn Sie da »etwas« spüren können, das Sie umgibt, ist da »etwas«!

Abb. 57

Vielleicht vermögen Sie dieses »Etwas« noch nicht zu unterscheiden, vielleicht können Sie es noch nicht in Schubladen packen, aber das wird – mit etwas Übung – kommen. Und vielleicht auch mit Hilfe der anderen Übungen dieses Buches.

Werden Sie sich des Wesenhaften um Sie herum bewußt –daran ist nichts Übernatürliches.

# Literatur

[1] AnthroWiki. Wiki.anthroposophie.net

[2] Augustinus: *Confessiones (Bekenntnisse) v. Kurt Flasch + Burkhard Mojsisch*, Reclams Universal Bibliothek, Stuttgart 2009

[3] Bächthold-Stäubli, Hanns (Hrsg.): *Handwörterbuch des deutschen Aberglaubens*, Walter de Gruyter + Co, Berlin 1942/1986

[4] Bohm, David: In: Renée Weber: *Wissenschaftler und Weise. Gespräche über die Einheit des Seins*, Rowohlt Tb, Berlin 1992

[5] Braun, Ernst F.: *Wasserkristalle. Zauberwelt auf gefrorenen Wassertropfen.* AT, Baden + München 2004

[6] Brönnle, Stefan: *Grenzenlose Sinne. Intuition – Empathie - Hellsehen*, Neue Erde, Saarbrücken 2008

[7] Brönnle, Stefan: *Landschaften der Seele. Landschaften, Geomantie und ihre Auswirkungen auf die menschliche Psyche*, Schirner, Darmstadt 2006

[8] Brönnle, Stefan: *Die Kraft des Ortes. Energien der Erde erspüren, erkennen und nutzen*, Neue Erde, Saarbrücken 2009

[9] Brönnle, Stefan: »Äther, Qi und Lebenskraft«. Artikel in *Feng Shui Aktuell* Nr 2010, Schmitten 2010

[10] Champdor, Albert: *Das Ägyptische Totenbuch in Bild und Deutung*, Gondrom, Bindlach 1994

[11] Daskalos: zitiert in: www.terasof.de

[12] Devereux, Paul: *Earth Light Revelation*, Blandford Press, London 1989

[13] Dionysius Areopagita: *Über die Himmlische Hierarchie*, Hiersemann, Stuttgart 1986

[14] Eliade, Mircea: *Das Heilige und das Profane*, Insel, Frankfurt/M. 1984

[15] Eliade, Mircea: *Kosmos und Geschichte*, Insel, Frankfurt/M. 1984

[16] Eliade, Mircea: http://de.wikipedia.org/wiki/Schamanismus; Schamanismus und archaische Ekstasetechnik. Suhrkamp, Frankfurt am Main 1994

[17] Fosar, Grazyna + Franz Bludorf: *Fehler in der Matrix. Leben Sie nur, oder wissen Sie schon?*, Michaels Verlag, Peiting 2003

[18] Grof, Stanislav: *Totenbücher. Bilder vom Leben und Sterben*, Kösel, München 1994

[19] Grof, Stanislav + Christina: *Jenseits des Todes. An den Toren des Bewußtseins*, Kösel, München 1984

[20] Hellpach, Willi: *Geopsyche*, Ferdinand Enke, Stuttgart 1977

[21] Imam 'Abd ar-Rahim ibn Ahmad al-Qadi: *Das Totenbuch des Islam. Das Feuer und der Garten – die Lehren des Propheten Mohammed über das Leben nach dem Tode*, Scherz, Bern + München 1981

[21b] Jaffé, Aniela: *Geistererscheinungen und Vorzeichen*, Walter, Olten + Freiburg/Brsg., 1978

[22] Jawer, Michael A., Marc S. Micozzi: *Die geheime Macht der Gefühle. Über die spirituelle Dimension unserer Emotionen*, Scorpio GmbH + Co KG, Berlin-München 2010

[23] Jung, Carl Gustav: *Der Mensch und seine Symbole*, Walter, Olten, Freiburg/Brsg. 1985

[24] Jüttemann, Gerd, Michale Sonntag und Christoph Wulf (Hrsg): *Die Seele – Ihre Geschichte im Abendland*. Psychologie Verlags Union, Weinheim 1991

[25] Kalweit, Holger: *Das Totenbuch der Kelten. Das Bündnis zwischen Anderswelt und Erde*, AT, Aarau 2002

[26] Kalweit, Holger: *Das Totenbuch der Germanen. Die Edda – Die Wurzeln eines wilden Volkes*, AT, Aarau 2001

[27] Laszlo, Ervin: *Kosmische Kreativität*, Insel, Frankfurt/M. + Leipzig, 1997

[28] Lechner-Knecht, Sigrid: *Die Hüter der Elemente. Das geheimnisvolle Reich der Naturgeister*, Verlag Clemens Zierling, Berlin 1989

[29] Lorimer, David: *Die Ethik der Nah-Todeserfahrung*, Insel, Frankfurt/M. + Leipzig 1993

[30] Macrobius: zitiert nach Theodor Fuchs: *Arminius und die Externsteine. Der Kampf um die Geistesfreiheit Europas*. Urachhaus, Stuttgart 1981, S.10f

[31] McConville, Una und Regina McQuillan: *Deathbed Experiences in Irish Palliative Care*, Center of Death & Sosiety (CDaS) an der Universität von Bath

[32] Meyl, Konstantin : *Elektrosmog. Die physikalischen Grundlagen*, St. Georgen/Schwarzwald, o.J.

[33] Möller, Peter: Bewußtsein. Aus www.philolex.de/bewuseinhtm

[34] Monroe, Robert A.: *Über die Schwelle des Irdischen hinaus. Die Erfüllung des menschlichen Schicksals im grenzenlosen Universum reinen Bewußtseins*, Ansata, München 2002

[35] Monroe, Robert, A.: *Der zweite Körper. Expedition jenseits der Schwelle. Astral- und Seelenreisen in ferne Sphären der geistigen Welt*, Econ, München 2002

[36] Monroe, Robert, A.: *Der Mann mit den zwei Leben. Reisen außerhalb des Körpers*, Wilhelm Heyne, München 2005

[37] Nettesheim, Agrippa von: *De occulta philosophia*. Geheime Philosophie, Reichl 1967

[38] Newton, Michael: *Die Reisen der Seele. Karmische Fallstudien.* Edition Astroterra, Wettswil 1996

[39] Pogačnik, Marko: *Schule der Geomantie*, Droemersche Verlagsanstalt, München 1996

[40] Pogačnik, Marko: *Elementarwesen. Die Gefühlsebene der Erde*, Droemersche Verlagsanstalt Th. Knaur Nachf., München 1995

[41] Sheldrake, Rupert: auf seiner Website www.sheldrake.org

[42] Sheldrake, Rupert: www.sheldrake.org Morphische Felder

[43] Sheldrake, Rupert: *Die Wiedergeburt der Natur. Wissenschaftliche Grundlagen eines neuen Verständnisses der Lebendigkeit und Heiligkeit der Natur*, Scherz, Bern, München, Wien, 1991

[44] Steiner, Rudolf: Vortrag vom 12. April 1909. In: *Naturgeister. Ihre Befreiung durch den Menschen*, Archiati-Verlag, Bad Liebenzell 2008

[45] Steiner, Rudolf: Gesamtausgabe 9, Steiner, Dornach

[46] Steiner, Rudolf: *Das Hereinwirken geistiger Wesenheiten in den Menschen*, GA 102, 1984. Achter Vortrag, Berlin am 20.4.1908

[47] Tworuschka, Udo: *Sucher – Pilger – Himmelsstürmer. Reisen im Diesseits und Jenseits*, Kreuz Verlag, Stuttgart 1991

[48] Vos, Ed: *ORBs und andere Lichtphänomene. Multidimensionale Bewußtseinsformen*, Neue Erde, Saarbrücken, 2010

[49] Weltbild (Hrsg): *Lexikon der Engel*, Weltbild Verlag, Augsburg 2006

[50] Wikipedia: »Golem«. www.wikipedia.de

[51] www.geister-und-gespenster.de

[52] Zaleski, Carol: *Nah-Todeserlebnisse und Jenseitsvisionen*, Insel, Frankfurt/M. + Leipzig 1993

# Abbildungsverzeichnis

**Stefan Brönnle:** Abb. 1, 4, 6, 9, 11, 12, 15, 17, 18a-d, 19a-d, 21, 24, 28, 29, 30, 32, 35, 38, 40, 41, 42, 43, 44, 45a+b, 48a, 48c, 49b, 50b, 51, 53, 57; ; **Historisch:** 3, 5, 7, 22, 25, 26, 27, 31, 33, 34, 36b, 37, 39, 46a; **Fotolia:** 10 (Eskimo71), 13 (Germán Ariel Berra), 14 (Ancello), 16 (Spectral-Design); **Peter Hadorn:** 1 (Hintergrundbild); **Wilfried Berns** (tierdocu.com): 2a; **Björn Schulz:** 2b; **Universum Bremen:** 20; **Paul Wegener:** 23; **Paul Devereux:** 36a, 52; **Devereux/Bennett:** 50a; **Ernst Braun:** 46b; **Unique Medjugorje Photographs:** 47a, 55b; **Photobucket:** 47b; **photobucket nerwin:** 47c; **Olli Braun:** 48b (Baumgesicht); **Pierre Berchier:** 49a; **Gerhard Fischer:** 54a+b; **Captain Provand** (1936): 55c; **A. L. Arenth** (geistige-wesenswelten.de): 55a; **Grazyna Fosar, Franz Bludorf:** 56a+b.

Alle Versuche wurden unternommen, die Rechteinhaber folgende Bilder ausfindig zu machen: 8, 47c.

# Adressen

Informationen über Seminare und Ausbildungen mit Stefan Brönnle erhalten Sie bei:

INANA
Kloster Moosen 12
84405 Dorfen
Tel. 080 81 - 952 99 09
geomantie@inana.info

oder auf der website
www.inana.info

Über geomantische Beratungen und Gestaltungen, sowie Clearings können Sie sich informieren bei:

Büro für geomantische Planung
Tel. 080 81 - 87 61
info@stefan-broennle.de
www.stefan-broennle.de

Weitere Titel bei Neue Erde:

Das Urbild des Gartens ist der Paradiesgarten, jener Ort oder Zustand, wo Geist und Materie, Mensch und Natur noch eins waren. Einen solchen Garten kann jeder bei sich zu Hause erschaffen: Gärten, die Kraft spenden, Gärten, die Sinn geben, Gärten, die zur Erkenntnis verhelfen. Anhand vieler Beispiele für geomantische Gestaltung in der Gartenkunst, die auch heute in unserem Raum noch zu besichtigen sind, gibt er uns viele Belege für das Zusammenwirken von Mensch und Landschaft. Wir betrachten die Klostergärten des Mittelalters ebenso wie Schloßgärten des Barock; wir besuchen Parks, die von Templern oder Johannitern gestaltet wurden ebenso wie Goethes Garten oder jenen von Fürst Pückler-Muskau. Zuletzt

entdecken wir einen heute neu angelegten Feng Shui-Garten von Meister Bao Shann Suen in Husum.

Stefan Brönnle
**Der Paradiesgarten**
Gärten der Kraft planen und gestalten
*Paperback, 208 Seiten,*
*mit vielen Abbildungen*
ISBN 978-3-89060-556-2

Die Wohnung und das Haus sind eng mit unseren Wünschen, unseren Bedürfnissen, aber auch unseren Schatten verbunden. Sie sind ein Spiegel unserer Seele. Was für Astrologen das Horoskop ist, das ist für Geomanten der Wohnungsgrundriß. Geomanten sind Menschen, die die Wirkung des Ortes auf den Menschen ebenso zu deuten wissen, wie sie aus der Raumgestaltung auf den Menschen schließen können.

Der ausgewiesene Fachmann und Geomantie-Ausbilder Stefan Brönnle stellt in diesem Buch in einfachen und leicht nachvollziehbaren Schritten vor, wie wir Harmonie in unserem Haus schaffen – die zurückspiegelt in unsere Seele.

Stefan Brönnle
**Das Haus als Spiegel der Seele**
Wie wir durch Änderungen in unserem Wohnumfeld
unsere Seele heilen
*Paperback, 144 Seiten, zahlreiche Abbildungen*
ISBN 978-3-89060-254-7

Jeder kann es spüren: Orte sind verschieden. An manchen Plätzen fühlen wir uns wohl, belebt und gelöst, an anderen angespannt, müde oder gestreßt. Die Erde ist durchzogen von Gesteinsschichten und Wasseradern, aber auch von energetischen Strukturen. Die Geomantie spürt diese Unterschiede auf, und aus dem Wissen um die spezifische Kraft eines Ortes können wir eine wohltuende Beziehung zu ihm aufbauen.

Eine vollständig überarbeitete und erweiterte Neuauflage des erstmalig 1998 erschienenen Buches, ein Grundwerk der geomantischen Literatur. Das Buch wurde als Einstieg in das weite Feld der Geomantie konzipiert. Es schneidet daher die verschiedensten geomantischen Arbeitsebenen (wie Radiästhesie, Landschafts-interpretation, Heiligen- und Flurnamensinterpretation, Erdheilung, Traumarbeit u. v. m.) an. Obgleich Geomantie an sich eine immerwährende Gültigkeit besitzt, so

war es uns ein Anliegen, dieses Einsteigerbuch ein wenig auf den neuesten Stand zu bringen und damit dem Wandel der Geomantie Rechnung zu tragen. Die vorliegende Ausgabe enthält daher zusätzliche Informa-tionen, neuere Fakten und gänzlich neue Kapitel.

Stefan Brönnle
**Die Kraft des Ortes**
Die Energien der Erde erspüren, erkennen und nutzen
*Paperback, 160 Seiten*
ISBN 978-3-89060-540-1

Kultplätze, Tempel, Kirchen – heilige Räume und sakrale Bauten begleiten die Menschheit seit ihrem Beginn. Was die Heiligkeit der Räume ausmacht, wie die unterschiedlichen Kulturen ihr Ausdruck verliehen und welcher Techniken sie sich bedienten wird in diesem Buch umfassend und kompetent dargelegt; und es wird be-schrieben, wie jeder von uns heute sich ebenfalls einen »heiligen Raum« erschaffen kann.

Stefan Brönnle
**Heiliger Raum**
Sakrale Architektur und die Schaffung
»Heiliger Räume« heute
*Paperback, 208 Seiten*
ISBN 978-89060-544-9

Ob beispielsweise Handystrahlung krank macht, an dieser Frage scheiden sich die Geister, und viele wollen es auch gar nicht wissen. Anhand vieler nüchterner Informationen und aus ihrer langjährigen Erfahrung tragen die Autoren in diesem Buch viele Belege für die Schädlichkeit des Elektrosmogs zusammen Aber sie wollen nicht verteufeln, sondern aufklären und uns sensibilisieren im täglichen Umgang mit elektronischen Geräten.

Ulrich Kurt Dierssen, Stefan Brönnle
**Der Mensch im Kraftfeld der Technik**
Unsere körperliche, seelische und geistige Resonanz
zum Elektrosmog
*Paperback, 176 Seiten, mit Tabellen und Glossar*
ISBN 978-3-89060-527-2

Sind Handys wirklich schädlich? Sind die Strahlen aus Fernseher und Computer nicht eher harmlos? In einfacher, klarer Sprache werden die wissenschaftlichen Grundlagen mit Hilfe modernster Forschungsergebnisse erklärt. Die Gefahren werden veranschaulicht und praktische Tips gegeben, um mögliche gesundheitliche Schäden zu vermeiden.

Barbara Newerla, Dipl. Ing. Peter Newerla
**Strahlung und Elektrosmog**
Ein praktischer Leitfaden zum Schutz vor einer allgegenwärtigen Gefahr
*Klappenbroschur, 256 Seiten, mit vielen Fotos*
ISBN 978-3-89060-267-7

Häufiger, als uns bewußt ist, sind Disharmonien und Krankheiten durch unser Wohnumfeld bedingt. »Zeige mir deine Wohnung, und ich sage dir, wer du bist!« Durch Veränderung dieses Umfeldes können wir uns selbst ändern. Das gelingt

aber nur, wenn nicht alte, fremde Anhaftungen im Wege stehen. Mit der richtigen Reinigung können wir uns befreien und gesunden, das zeigt dieser anregende praktische Ratgeber.

Stephan Andreas Kordick
**Die Seele des Raumes berühren**
Den eigenen Lebensraum neu erfahren und gestalten, reinigen und energetisieren
*Paperback, 160 Seiten*
ISBN 978-3-89060-530-2

In diesem Buch wird ein Haus nicht als leblose Sache begriffen, sondern als ein beseeltes Wesen. In diesem Bewußtsein können wir so bauen, renovieren und uns einrichten, daß unsere Ganzheit von Körper, Geist und Seele Berücksichtigung findet. Unabhängig davon, ob ein neues Hauswesen erschaffen oder ein bereits bestehendes Haus oder eine Wohnung erworben werden soll, dieses Buch führt durch die einzelnen Phasen vom ersten Impuls der Idee bis hin zum Bezug der neuen Räume.

Stephan Andreas Kordick
**Die Geburt des Raumes**
Lebensräume planen, bauen, begleiten und gestalten
*Paperback, 224 Seiten*
ISBN 978-3-89060-558-6

Auch wenn es uns nicht bewußt ist: Wir leben alle im Reich der Elementarwesen. Immer und überall durchdringen sie unsere Seele. Die ganze Welt um uns herum ist von Elementarwesen durchseelt. An allem, was in der Natur geschieht, sind Elementarwesen beteiligt. Auch unsere Innenwelt, die Welt unserer Gefühle und Gedanken, besteht aus Elementarwesen. In fast allen Lebenslagen haben wir es mit Elementarwesen zu tun.

Die Elementarwesen der Natur warten sehnlichst darauf, von uns Menschen bewußt ergriffen zu werden. Ihre zukünftige Existenz ist von uns abhängig. Es geht um die Rettung der Elementarwesen.

Thomas Mayer
**Rettet die Elementarwesen**
*Paperback, 192 Seiten*
ISBN 978-3-89060-517-3

Es ist überaus erstaunlich, wie viele – auch »normale« – Menschen schon heute mit Natur- oder Elementarwesen zusammenarbeiten. Mit dreizehn von Ihnen hat Thomas Mayer Gespräche geführt, so ein breites Spektrum an Möglichkeiten darstellend. – Wir alle können davon profitieren, wenn wir die Elementarwesen wieder in unser Bewußtsein integrieren.

Im dritten Buch von Thomas Mayer machen wir zweiundzwanzig weitere Besuche bei faszinierenden Menschen. Welche Erfahrungen mit Elementarwesen gibt es in der Landwirtschaft, Kunst, Geomantie, Technik und in unterirdischen Schichten? Viel Spannendes liegt hier zum ersten Mal in gedruckter Form vor.

Thomas Mayer
**Zusammenarbeit mit Elementarwesen**
13 Gespräche mit Praktikern
*Paperback, 224 Seiten*
ISBN 978-3-89060-560-9

Thomas Mayer (Hrsg.)
**Zusammenarbeit mit Elementarwesen 2**
Neue Gespräche mit Forschern und Praktikern
*Paperback, 304 Seiten, 16 Farbtafeln*
ISBN 978-3-89060-604-0

**Bücher von NEUE ERDE im Buchhandel**
Im deutschen Buchhandel gibt es mancherorts Lieferschwierigkeiten bei den Büchern von NEUE ERDE. Dann wird Ihnen gesagt, dieses oder jenes Buch sei vergriffen. Oft ist das gar nicht der Fall, sondern in der Buchhandlung wird nur im Katalog des Großhändlers nachgeschaut. Der führt aber allenfalls 50% aller lieferbaren Bücher. Deshalb: Lassen Sie immer im VLB (Verzeichnis lieferbarer Bücher) nachsehen, im Internet unter **www.buchhandel.de**
Alle lieferbaren Titel des Verlags sind für den Buchhandel verfügbar.

Sie finden unsere Bücher in Ihrer Buchhandlung oder im Internet unter **www.neue-erde.de**
Bücher suchen unter: **www.buchhandel.de.** (Hier finden Sie alle lieferbaren Bücher und eine Bestellmöglichkeit über eine Buchhandlung Ihrer Wahl.)
Bitte fordern Sie unser Gesamtverzeichnis an unter

NEUE ERDE GmbH
Cecilienstr. 29 · 66111 Saarbrücken
Fax: 0681 390 41 02 · info@neue-erde.de